电子商务创业教程

跟着案例学创业

职业教育财经商贸类专业教学用书

主　编　汪　婙
副主编　金莉萍
编　者　杨　岚　　程颂华　　徐玉荣
　　　　黄俊英　　王小娟　　刘娟娟
　　　　丁一纯　　王程龙　　朱嘉伊

华东师范大学出版社
·上海·

图书在版编目（CIP）数据

电子商务创业教程：跟着案例学创业/汪婷主编. —上海：华东师范大学出版社，2018

ISBN 978 - 7 - 5675 - 7402 - 1

Ⅰ.①电…　Ⅱ.①汪…　Ⅲ.①电子商务—创业—教材　Ⅳ.F713.36

中国版本图书馆 CIP 数据核字（2018）第 007583 号

电子商务创业教程
——跟着案例学创业

主　　编　汪　婷
项目编辑　孙小帆
特约审读　周雨馨
责任校对　林文君
装帧设计　庄玉侠

出版发行　华东师范大学出版社
社　　址　上海市中山北路 3663 号　邮编 200062
网　　址　www.ecnupress.com.cn
电　　话　021 - 60821666　行政传真 021 - 62572105
客服电话　021 - 62865537　门市（邮购）电话 021 - 62869887
地　　址　上海市中山北路 3663 号华东师范大学校内先锋路口
网　　店　http://hdsdcbs.tmall.com

印 刷 者　上海新华印刷有限公司
开　　本　787 毫米 × 1092 毫米　1/16
印　　张　14
字　　数　348 千字
版　　次　2018 年 6 月第 1 版
印　　次　2025 年 1 月第 4 次
书　　号　ISBN 978 - 7 - 5675 - 7402 - 1
定　　价　39.80 元

出 版 人　王　焰

（如发现本版图书有印订质量问题，请寄回本社客服中心调换或电话 021 - 62865537 联系）

前言

QIANYAN

让创业思维的方式成为一种习惯

创业的春风已然吹遍全国，吹入课堂，成为学生教育的一门新兴课程。创业教育的主旨是培育学生的创新意识、创新思维、创业素质及创业能力。而这些思维方式的改变、创新意识的增强单靠理论学习是较难深入理解的。编者总结多年实践经验，将创业、创意、创新的理念通过案例的方式导入，使读者在阅读真实创业案例故事的过程中体验创业中所经历的艰辛、分享创业中的收获、了解创业中的危机及应对策略。与市面上主要讲淘宝、Facebook、共享单车、腾讯等高科技、高投入公司的创业类案例中的创业者相比，本书案例中的创业者可谓是无背景、无资金、无经验的"三无"创业者，他们的项目足够"小"，又具有一定的群体代表性及可复制性，对于在校生、初创业者来说这样的案例更具有借鉴性。

本书的项目一、项目二可以帮助读者了解基于互联网的盈利模式及其中存在的风险；项目三是本书的重点之一，通过学习可以从案例中吸取创业的经验，每个案例后的问答能更进一步地帮助学生掌握案例重点，也可作为教师对学生的考核重点；项目四为准备着手创业的读者提供了各行业数据及报告查询平台、政府提供的各类政策咨询及创业服务形态；项目五、项目六也是本书的重点之一，通过两份完整的创业计划书及现场路演时所需 PPT、演讲稿，手把手地教会学生如何撰写项目计划书，如何在现场路演的几分钟内充分地表达出项目立意，并以此多方位地提升学生的能力，为创业做好准备；项目七作为创业中的风险提示，通过案例故事告诉读者如何防范及更好地控制创业中的风险；项目八

前 言

QIANYAN

以《西游记》中师徒四人的性格特点为线索，引导读者找到自己的性格特点，并通过相关测试了解自己在就业创业方面的性格特征。

本书内容分为八个项目，项目一至项目七为汪婷编写；项目八由王程龙编写初稿，汪婷统稿。项目三中案例由汪婷采访，朱嘉伊、王程龙编纂初稿，最后由汪婷统稿。

由于时间仓促和水平有限，本书难免还存在一些不妥之处，还请广大读者批评指正。如果您对本书有着任何的意见或建议，也欢迎发送邮件至 anni_wz@163.com，非常期待与您的互动。

目 录

MULU

目 录
MULU

目 录

MULU

互联网的创业与传统行业最大的区别在商业模式上。传统行业思考的是产品创新,而基于互联网的创业还得思考商业模式创新。

互联网经历了这些年的发展,基本上已经形成了互联网思维下的商业模式。本章节归纳了目前互联网上的五大类商业模式。当然,随着网络的发展,还会有更多的基于互联网的商业模式不断涌出。

一、出售实物商品的模式

出售的商品是某种实体的物品。用户购买后可以使用的物品,也就是传统意义上的商品、货物。这个商业模式有以下四种形式。

(一)自产自销

用户自己生产、自己搭建网站或在大的电商平台上进行销售。

(二)外包生产、自己销售

自己规划和设计产品,生产环节外包出去,自己负责销售产品。

(三)只生产、不销售

自己只负责生产,交给经销商进行销售。

(四)不生产、只销售

自己作为分销商,或者是作为提供销售商品的交易市场。以前百货商场、超市就是第四种模式,现在电子商务购物平台变成了第四种商业模式。

 思考题 1-1

请列举以上四类出售实物商品模式所代表的具体公司或品牌。

二、依靠广告的盈利模式

在互联网上除了销售实物商品获取差价盈利外,还有种盈利方式也是非常普遍的,那就是广告,用户不会直接购买广告,但商家却可以实实在在地通过广告赚钱。自谷歌开创了搜索引擎关键词广告后,广告已经成了互联网行业中首要经济来源。接下来,让我们看看互联网思维下的广告模式吧。

(一)展示广告

展示广告是一种普遍的按展示付费的广告。展示付费广告相对于点击付费广告来说透明度较高。展示广告是一种按每千次展示计费的图片形式,同时和展出的位置、时间长短有关。可以投放在各种网站页面、博客、微博页面中。这种广告业内通常称作 CPM 广告,一般的展示形式有文字、banner 图片(轮播)、通栏横幅、文本链接、弹窗等。值得一提的是,随着网络视频的逐渐火爆,视频前和播放中的广告也成了一种重要的展示广告方式。下图网易首页中的网易考拉海购、淘宝商品、苏宁易购、折800APP 等产品的广告,都属于展示广告。

图 1-1　展示广告

(二) 广告联盟

广告联盟可以理解为集合了中小网络媒体资源(又称联盟会员,如中小网站、个人网站、WAP 站点等)的联盟,联盟平台帮助广告主实现广告投放,并进行广告投放数据监测统计,广告主则按照网络广告的实际效果向联盟会员支付广告费用的网络广告组织投放形式。广告主在广告联盟上发布广告后联盟再把广告推送到各个渠道,如各网站、APP。百度联盟和GoogleAdSense 是两个较大的广告联盟。当网站流量还没有到一定程度时,广告主都会选择与广告联盟合作,只有网站做到一定流量后,才会有广告主直接与网站建立合作关系。广告联盟一般是按广告的点击次数收费。

图 1-2　广告联盟

（三）电商广告

电商广告里做的比较多的是阿里妈妈,京东、一号店、当当也都有自己的电商广告。这些广告一般是按销售额提成付费。很多导购类网站,特别是海淘类导购网站会接入各个海外购物网站的广告,佣金会比国内更高些。

图 1-3　电商广告

（四）软文广告

软文是现在用户接受程度比较高的广告,它把广告内容和文章内容结合在一起,好似绵里藏针,收而不露。等到你发现这是一篇软文的时候,你已经冷不丁地掉入了被精心设计过的"软文广告"陷阱。微博、微信大号靠软文赚钱已经是非常普遍的现象了。

（五）虚拟产品换广告效果

商家还可以在网络上为用户提供虚拟产品,但是代价是用户必须接受一定的广告,比如看完一段广告才能注册某个网站的用户、下载某个 APP。下图是在搜狐视频中看剧集时所需要等待的广告。

图 1-4　虚拟产品——网络视频中的广告

（六）通过文本匹配和用户行为分析组合策略的精准广告投放

这个题目乍看之下有些复杂，其实它是依靠数据分析用户在网站或 APP 上的搜索内容、消费习惯从而推荐相关产品。很多企业都需要这样的用户使用习惯的数据，淘宝数据魔方就提供这样的服务。图1－5为数据魔方中母婴类产品的客单价，也就是一个客人一次成交货品的价格，图1－6为淘宝上成交量较高的时间分布，图1－7是作者在当当搜索"不一样的卡梅拉"时网页左侧出现的相关推荐，而此类推荐正是根据用户搜索内容生成的。

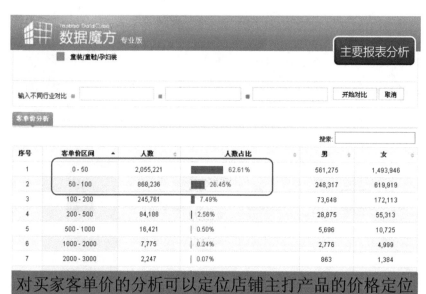

图1－5　数据魔方中母婴类产品的客单价

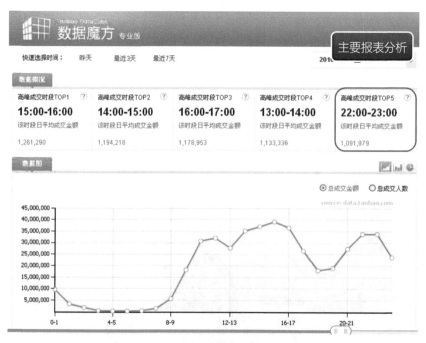

图1－6　淘宝上成交量较高的时间分布

图 1-7 智能算法的相关推荐

思考题 1-2

请列举出曾经吸引到你"眼球"的软文广告。

三、交易平台模式

这种交易平台模式更适用于资金技术雄厚的、已经有丰富经验的创业者。对于无背景初创业的学生来说,这种模式的技术和资金门槛都过高了。

(一)实物交易平台

用户在实物交易平台上进行商品交易、支付,平台从中收取佣金。天猫、京东、一号店这种都是非常大的实物交易平台。下图是京东的网站截图。

图 1-8 实物交易平台——京东

（二）服务交易平台

用户在服务交易平台上提供和接受服务、支付，平台从中收取佣金。像滴滴打车、猪八戒、团购类网站就是这样的平台。最近刚进入国内风头正劲的 Uber 和滴滴打车模式大致相同，也是通过收取司机佣金的方式盈利。下图是团购类拉手网截图。

图 1-9　服务交易平台——拉手网

（三）沉淀资金模式

资金沉淀最早常见于银行和企业，指的是在日常的资金流入流出过程中，账户中总留有一定数量的资金，这部分资金数量比较稳定。在互联网模式里就是用户在平台上留存有资金，平台可以用这些沉淀的资金投资，从而赚取收益回报。

举个例子，我们在淘宝上买东西的时候打款给支付宝这一第三方支付平台，然后卖家发货，等我们收到快递后再确认收货，确认之后支付宝再把钱给卖家，其间这笔钱在支付宝里停留至少超过1—2周。我们想一下，2016年淘宝年营业额在三万亿，折算下每周的交易额在六百多亿，当第一周的费用到期从支付宝打到卖家账上后，第二周的费用又转到了支付宝，每天都有资金源源不断地打入支付宝，也就是这六百多亿甚至更多的资金永远都在支付宝的账上。在天猫上注册一家店需要质押消费者保证金，根据销售内容保证金在 5—30 万不等。这个保

图 1-10　资金沉淀模式代表——支付宝

证金在退出天猫 3 个月后返还到相应账号。不难想象,支付宝这一平台上的沉淀资金有多少。这也是支付宝等第三方支付平台受到各大银行围攻的原因之一。

思考题 1-3

请分析微信是如何获得沉淀资金的,获得这些资金后可以用来做什么呢? 除此之外市场上还有哪些沉淀资金?

四、 直接向用户收费模式

除了间接的收费模式外,互联网的另一大类商业模式也不能忽略,那就是直接向用户收费。这些平台一般依靠资源的稀缺性、提供增值服务来收费。诸如"中国知网",它是用于毕业

图 1-11　直接向用户收费——中国知网

论文抄袭率检测的唯一官方渠道,同时也是科研人员进行理论研究时必须使用到的资源库。像这种不可替代性的、数据渠道是被保护了的一些资源类网站通过直接向用户收费的效果较好。

请列举出你所知道的在网络上直接向用户收费提供服务的产品。

五、 免费增值模式

免费增值模式是指软件或服务的基础部分是免费让你使用的,但当你想使用其中更高级一些的功能时就需要付费了。像迅雷,迅雷是以断点续传起家的,你不是迅雷会员也可以使用这个软件下载,但这个时候你的速度只有 100 多 k,当你成为迅雷会员后下载速度可以达到1—2M。QQ 会员、游戏里的付费装备都是这种收费模式——不收费也可以用,但是成为会员付费后你可以拥有更多的权限。下图为迅雷会员加速的截图。

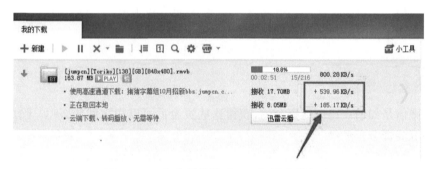

图 1-12 免费增值模式——迅雷会员加速

还有一种免费增值模式就是线上结合线下,通过免费服务聚齐人气,然后组织各种线下活动。这些线下活动可以获得广告或赞助,或者在活动中销售商品或服务。比如,很多媒体通过组织线下行业峰会来赚钱,还有的地方社区会组织线下展销会、推荐会,比如,装修展销会、婚纱摄影秀等,销售商品或服务。下图为自行车展销会现场图。

图 1-13 免费增值模式——展销会

思考题 1-5

你在网络上支付过哪些费用或购买过哪些服务吗？是什么促使了你付费的呢？

六、 互联网盈利的关键点

看了那么多种基于互联网的盈利模式，我们可以知道，现在想要依靠互联网赚钱最关键的就是有足够多的用户，做好产品的同时努力黏住更多的用户，用户数量达到一定程度了，自然而然就会有相应的赚钱模式。比如：国内的 QQ 刚上线时，大家都还在想 QQ 就是个聊天工具怎么盈利呢？国外的 Facebook 上市之后也没有直截了当的商业模式，但是现在怎么样呢？QQ 和 Facebook 现在都不用为收入发愁，都成了各自国家领域内的"纳税大户"。所以现在互联网拼的是用户的黏性，是离用户的距离，是不是能直接从用户身上赚钱远没有想象中的那么重要。当产品的用户数量积累到一定程度，产品能够吸引到足够多的用户，自然而然就能看到商业模式了。

参考文献

1. 创思者，网址 http://www.tmtpost.com/user/1010347.
2. 创业之家，网址 http://www.cy211.cn.

项目二 互联网金融的七种类型

互联网金融是以互联网为资源,大数据、云计算为基础,采用新金融模式运作的一种新兴行业。按照目前各种互联网金融形态在支付方式、信息处理、资源配置三大支柱上的差异,将它们划分为七种主要类型。

一、传统金融机构的互联网形态

传统金融机构的互联网形态体现了互联网对金融机构的物理网点、人工服务等的替代,其形式主要分为以下三种:

(一)网络银行和手机银行

目前我国国内各大银行都已经开展了网络银行和手机银行的业务。两者的功能基本雷同,包括信息查询、转账汇款、缴费支付、信用卡、漫游汇款、贷款、定活互转、第三方存管、消息定制、账户管理、基金买卖等金融服务。两者的区别仅在于操作的媒介,网络银行是在电脑上操作的,手机银行是在手机上操作的。

(二)网络证券公司

目前我国的券商都已经开展了网络业务,用户可以通过电脑端或手机端的软件进行实时的交易。随着网上证券业务的不断推广,证券市场将逐渐地从"有形"的市场过渡到"无形"的市场,现在的证券交易营业大厅已经逐渐失去其原有的功能,远程终端交易、网上交易将会成为未来证券交易方式的主流。

(三)网络保险公司

对比传统线下保险,网络保险的参与方式更为广泛,除了原有的保险公司、代理人以外,第三方平台、专业中介代理平台都将发挥重要的作用,而且互联网渠道数据的累积可以正向反馈给保险公司,进而对保险产品的设计、保险的商业模式都产生重要影响。

思考题 2-1

传统金融机构的互联网形态与非互联网形态相比有哪些优势?你用过哪些金融机构的互联网形态呢?

二、第三方支付和移动支付模式

移动支付和第三方支付体现了互联网对金融支付的影响,以 Paypal(美国)、支付宝(阿里)、财付通和微信支付(腾讯)为代表。

(一)第三方支付

第三方支付企业指在收付款人之间作为中介机构提供网络支付、预付卡发行预受理、银行卡收单以及其他支付服务的非金融机构。之前的第三方支付平台主要执行的还是支付功能,近年来基于沉淀资金的理财业务、基于用户消费数据的信用分析、营销分析等,已经逐步发展,对传统金融行业产生了一定的影响。图2-1为第三方支付流程图。

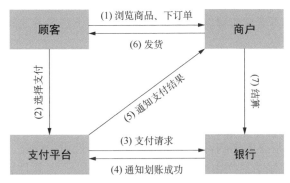

图 2-1　第三方支付流程图

(二) 移动支付

移动支付也称为手机支付,允许用户使用其移动终端对所消费的商品或服务进行账务支付的一种服务方式。单位或个人通过移动设备、互联网或者近距离传感器直接或间接向银行金融机构发送支付指令产生货币支付与资金转移的行为,从而实现移动支付功能。移动支付将终端设备、互联网、应用提供商以及金融机构相融合,为用户提供货币支付、缴费等金融业务。

移动支付代表,支付宝:支付宝是国内领先的第三方支付平台,2016年实名用户超过4.5亿,4.5亿消费者过去一年71%的支付笔数发生在移动端,超10亿人次使用"指尖上的公共服务"。80后、90后已经成为这一趋势中的主流人群,80后人均支付金额已超过12万元,90后使用移动支付更是高达91%。目前,支付宝已经跟国内外180多家银行以及VISA、MasterCard国际组织等机构建立了深入的战略合作关系,成为金融机构在电子支付领域最为信任的合作伙伴。2017年3月31日的2017财年业绩披露,阿里巴巴全年GMV(总销售额)达到3.77万亿人民币,比去年增长21.6%;全年营收为1 582.73亿,同比增长56%,远超2016财年33%的营收增速。

当然随着移动支付的不断扩张,微信支付、支付宝、财付通,连国外的ApplePay等都开始纷纷抢占市场。

图 2-2　中国支付市场现状漫画

思考题 2-2

结合上文中的第三方支付与移动支付的概念,请你讲讲这两者之间的区别有哪些?

三、 互联网货币

互联网货币又称为虚拟货币、数字货币或者电子货币,这与我们现实中使用的货币全然不同。在"互联网社会形态"里,人们根据自己的需求成立或者参与社区,同一社区成员基于同种需求形成共同的信用价值观,互联网货币就是在此基础上形成的"新型货币形态"。互联网货币体现了互联网对货币形态的影响,以比特币、Q币、亚马逊币为代表。

比特币(BitCoin)的概念最初由中本聪在 2009 年提出,开源软件和 P2P 网络都是根据其思路设计发布的。比特币是一种 P2P 形式的数字货币,它点对点的传输意味着一个去中心化的支付系统。

比特币在经过逐步的运作、发酵后在 2010 年 7 月 17 日到 2013 年 7 月 17 日的 3 年内上涨了 25 050 倍,同期黄金上涨了 1.6 倍,就此比特币引发了全球的轰动。2013 年德国政府承认了比特币的货币地位,加拿大街头出现了比特币的 ATM。2013 年 10 月到 2014 年 7 月期间全球有 47 亿美金流入这个市场,中国占到了其中的 50%,也就是 170 亿人民币。可以说在当时,全中国甚至是全世界都为比特币疯狂了。

我国政府对此的反应是在 2013 年 5 月央行宣布了比特币不是货币,但允许它作为虚拟货品,允许自由持有和交易,但交易平台要接受监控。2013 年 12 月 16 日央行约谈了 10 多家第三方支付平台,明确规定不可以对比特币进行兑换。

很多财经名家也对此提出了不同的意见,有的认为比特币选在 2009 年这个全球经济危机的时间发布,这是利用了人们对政府滥发货币的一种恐惧心理。著名财经评论郎咸平教授对它的评论是:"货币它一定是有价值的,比特币只有价格,没有价值。政府发布货币那是有主权信用在背书的,传统的货币是有价值的,中本聪这个组织凭什么发布货币呢? 他们用什么来背书呢? 比特币没有经济因素在背后。"

著名的经济学家时寒冰先生是这样评论比特币的,"弄一点代码就要把别人辛苦劳动生产出的产品买走,这个本身就是极大的不公平""这是高智能的人对普通人的掠夺手段""比特币是模仿货币制造的游戏"。除了比特币外,为我们所熟知的电子货币还有 Q 币、亚马逊币等由企业发布的货币,企业发布的电子货币与比特币有着本质区别,企业发布电子货币的背后是有企业的利润做背书的,而且它仅可以在该企业内部闭环中使用,不可以兑换成现金,不会对实体经济造成冲击。图 2-3 为比特币中国官网首页截图。

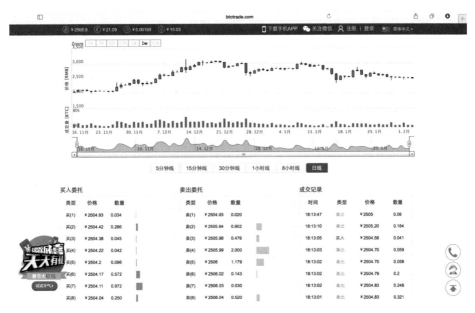

图 2-3　比特币中国官网首页截图

思考题 2-3

你用过哪些互联网货币？如果互联网货币能转换成真实的人民币（通过正式官方渠道），你觉得会有哪些后果？

四、基于大数据的征信和网络贷款

因为贷款的核心技术是信用评估，所以这里将征信和网络贷款放在一起讨论。和传统征信数据主要来源于借贷领域有所不同，脱胎于互联网的信用数据来源更广、种类更丰富，时效性也更强，涵盖了信用卡还款、网购、转账、理财、水电煤缴费、租房信息、社交关系等方面。

（一）基于大数据的征信

互联网产生数据最大的特征是实时、留有痕迹、追踪相对于传统线下的采集和整合更加全面和准确。但同时过于琐碎和大量的信息也对数据的存储和挖掘、分析计算能力有极高的要求。按交易额的 1% 来测算企业征信行业市场容量，2014 年中国达到了 1 546 亿元人民币。

国内征信市场格局已经初步形成，我国目前的各类征信机构有 150 多家。目前我国征信机构主要分为三大类：

1. 政府背景的信用信息服务机构约 20 家。各级政府推动社会信用体系建设，政府或其所属部门设立征信机构，接受各类政务信息或采集其他信用信息，并向政府部门、企业和社会公众提供信用信息服务。

2. 社会征信机构约 50 家。业务范围扩展至信用等级、信用调查等；征信机构主要以从事企业征信业务为主，从事个人征信业务的征信机构较少。

3. 信用评级机构。目前纳入人民银行统计范围的信用评级机构共 70 多家,其中 8 家从事债券市场评级业务,业务规模相对较大;其余的从事信贷市场评级业务,主要包括借款企业评级、担保公司评级等。

基于大数据的征信,以 11315(国内第三方)、Kreditech(德国)为代表。基于大数据的网络贷款,以 Kabbage(美国)、阿里小贷、微粒贷(腾讯旗下微众银行)为代表。

11315 全国企业征信系统是第三方公众征信平台,是我国率先建起的大数据征信新模式。创建于 2002 年,在国家工商行政管理机关和电信部门依法注册备案。2004 年,在北京市工商行政管理局依法注册征信公司,将"企业信用的征集、评定"等征信业务明确列入法人执照营业范围之内,获得征信机构的合法主体资格。图 2-4 为 11315 网站首页截图。

图 2-4 基于大数据征信的 11315 网站

(二)网络货款

1. 阿里小额贷款

阿里小额贷款是指以借款人的信誉发放的贷款,借款人不需要提供担保。其特征就是债务人无需提供抵押品或第三方担保仅凭自己的信誉就能取得贷款,并以借款人信用程度作为还款保证。阿里小额贷款是阿里金融为阿里巴巴会员提供的一款纯信用贷款产品。

2. 微利贷

微利贷于 2015 年 7 月上线,是腾讯旗下微众银行首款产品。2015 年 9 月 21 日正式在微信钱包上线,个人贷款总额度在 500 元到 20 万元之间,单笔最高可借 4 万元。"微粒贷"通过"白名单"机制筛选出首批最符合"微粒贷"客户定位用户,从进入贷款界面输入借款金额起到收到贷款总共时间不超过 1 分钟。日利率是 0.02%,单笔借款金额一栏处提示,借款金额应为 100 元的整数倍,并限制在 500 元到 40 000 元之间。而借款期限只有三种选择:5 个月、10 个月、20 个月。微粒贷按余额计息,以借款 1 000 元为例,选择 5 个月的还款期,第一个月需要还 206.2 元,第二个月还 204.96 元,以此类推,总共还款利息是 18.44 元。而选择 10 个月和

20 个月,则分别需要支付利息 33.68 元和 64.17 元。

该产品目前主要在微众和腾讯内部使用。其中的信用计算主要依靠的是腾讯多年来积累的社交数据及央行的个人征信数据。除了个人征信情况外,社交数据在该评分系统里占了相当重要的一部分。无论在微信还是在 QQ 上的"微粒贷",在授信时都会充分参考用户在整个腾讯体系产品内的数据,重点包括这两个平台的社交数据。图 2-5 为微粒贷手机端界面截图。

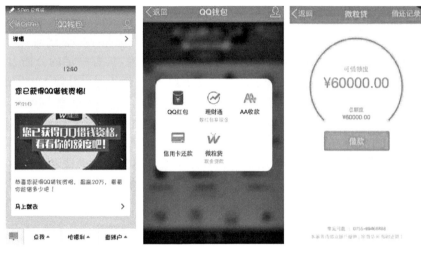

图 2-5 微粒贷手机端界面截图

 思考题2-4

请讲讲你所理解的"基于大数据的征信"是什么意思?有哪些用处?

五、P2P 网络贷款

P2P 是英文 person-to-person(或 peer-to-peer)的缩写,是个人与个人间的小额借贷交易。这些小额的交易一般需要借助电子商务专业网络平台帮助借贷双方确立借贷关系并完成相关交易手续。借款者可自行发布借款信息,包括金额、利息、还款方式和时间,自行决定借出金额实现自助式借款。国内知名的有宜信、陆金所、拍拍贷、人人贷等。

2015 年全国 P2P 网贷成交额突破万亿,达到 11 805.65 亿,同比增长 258.62%,历史累计成交额 16 312.15 亿元。在 P2P 如火如荼发展的同时,倒闭潮也汹涌而来。第一网贷(深圳钱诚)2016 年 2 月发布的《2016 年 1 月份全国 P2P 网贷行业快报》显示,1 月份全国 P2P 网贷继续负增长,1 月份全国 P2P 网贷成交额 1 424.33 亿,环比减少 3.50%。与此同时,第一网贷还首次公开了 P2P 网贷风险预警系统的风险池。据该风险池显示,截至 1 月末风险平台有2 967 家,占全国 P2P 网贷平台 5 100 家的 58.18%。

(一) P2P 的机遇与风险

P2P 是一个风险与机遇并存的项目,在选择平台时一定不要盲目,如果自己不太清楚可以请教自己身边懂这一块的人,实在不行网上搜一下看看这个公司信誉如何。当我们投资时不妨问问,为什么这家公司的利率会比同行高那么多? 这家公司是做什么的? 这家公司的背景是什么？我投资的这笔钱是投在哪个项目上的？万一这个项目亏本了，我的钱还能拿得回来吗？

那到底如何来看这个P2P是否有实力，是否能具有偿债能力。就拿前文出现过的"陆金所"为例，我们可以看到它是中国平安保险集团下的子公司，用比较通俗的说法就是陆金所的"后台"比较硬，它们是母子关系，万一陆金所这个"儿子"发生了亏损要倒闭了，它的"亲妈"——中国平安保险公司还在，"亲妈"家底厚，而且有义务帮这个"儿子"还债。

其次就是金融公司的评级，现在网上对于金融公司有很多的评级，我们看它的级别时一定要注意评审单位是否具有权威性，一般以政府、高校等具有一定公信力的第三方评级机构比较妥当。前文中的陆金所，它所获得的这个奖项评审方是中国社会科学院金融研究所，社科院是正规高校，具有一定的权威性，中国证券报属于金融业内机构，具有一定的公信力和知名度。如果你对金牛理财网不太了解，那么我们就百度一下，它是由新华通讯社旗下中国证券报社主办的，所以具有一定安全性。如果评审单位的资质审查通过了，那它评的级别也就具有一定的可信度。当然网络上可信的P2P不止陆金所一家，作者也绝非推荐大家去买这家公司的产品，只是作为较为典型的一个正面案例。

请阅读本书的学生朋友们或对网络金融投资还不太熟悉的朋友熟读并背诵以下这句话：当你看中别人虚高的投资回报利率时，别人看中的是你的本金。

 案例2-1

案例　e租宝的庞氏骗局

e租宝成立于2014年7月，在一年半的时间里从31个省市区90多万投资者手中非法吸收资金达到745.68亿人民币。这非法吸收来的资金大部分都被e租宝实际控制人丁宁大肆挥霍，用于购买豪车、豪宅、名表等。丁宁的弟弟丁甸原本月薪1.8万元，但调任北京后月薪涨到100万元。而整个集团拿着百万级年薪的高管多达80人左右，仅2015年11月需发给员工的工资就有8亿元。在品牌宣传上，e租宝更是不计代价地传播，2015年初e租宝的品牌广告打到了各大高铁车站、写字楼。2015年5月起更是在cctv1、cctv2、cctv新闻、湖南卫视、浙江卫视、江苏卫视、东方卫视等各大收视率较高的电视台全天候播放e租宝的品牌宣传片。

e租宝的高收益率非常诱人，融资租赁行业的平均年化收益率在8%左右，但是e租宝的年化收益率却接近行业平均水平的2倍，达到9%至14.6%。这样高的收益率，对于投资者来说非常具有吸引力。"1元起投，随时赎回，高收益低风险。"这是e租宝广为宣传的口号。许多投资者就是听信了e租宝保本保息、灵活支取的承诺才上当受骗的。我们来算一笔账，按10万块钱比较的话，在银行放一年的利息是2 000多块钱，放在e租宝按它承诺的利率是14.6%，一年就能赚14 000多块钱。早期参与e租宝的用户都的确拿到了高收益产品的利息，这对处于观望期的投资者来说无疑是给他们吃下了一颗定心丸。而后续投资者则将资金源源不断地存入其中，其实就给了e租宝拆东墙补西墙的资本，只要不进行资金清算，就很少有人会发现这其实就是一个典型的庞氏骗局。

图2-6为作者在网络上找到的e租宝宣传单，宣传单右侧为e租宝销售人员联系方式。该图仅作为参考样张，请勿使用图中联系方式。图2-7为e租宝央视播放时刻表。

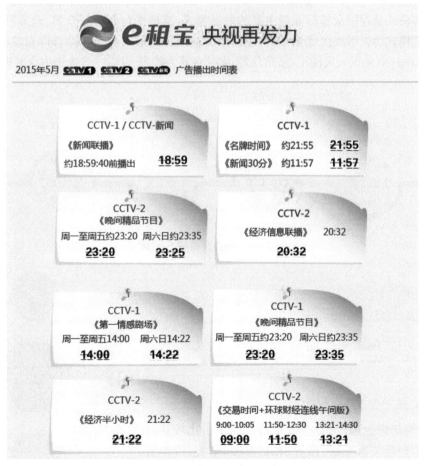

图 2-6　e租宝宣传单

图 2-7　e租宝央视播放时刻表

思考题 2-5

想想你的家人或朋友是否有购买 P2P 产品？对于今后购买网络金融产品我们要注意哪些地方呢？

六、 众筹融资

众筹融资是指通过互联网平台连接起发起人与投资人，在一定时间内完成项目发起者预先设定的募资金额目标的互联网金融模式。众筹融资主要的回报是产品本身，但对于金额大的参与还有其他奖励计划，例如更高的股权回报率。

相对于传统的融资方式，众筹更为开放，能否获得资金也不再是由项目的商业价值作为唯一标准。只要是网友喜欢的项目，都可以通过众筹方式获得项目启动的第一笔资金，为更多小本经营或创作的人提供了无限的可能。

目前众筹主要有四种发展模式：股权众筹、债权众筹、奖励众筹和公益众筹。在我国，股权众筹模式的典型平台有天使汇、原始会、大家投等；债权众筹模式，根据借款人即发起人的性质可分为自然人借贷(P2P)和企业借贷(P2B)。目前我国尚未出现真正意义上的债权众筹平台；奖励众筹模式是我国众筹行业最主要的发展模式，典型平台有京东众筹、众筹网、淘宝众筹等；公益众筹模式尚未形成代表性平台，主要以公益项目的形式分布在综合性权益类众筹平台中。以 Kickstarter(美国)、天使汇、京东众筹、淘宝众筹为代表。图 2-8 为国内众筹模式图解。

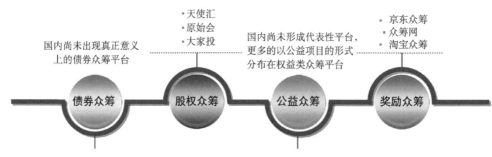

图 2-8 国内众筹模式图解

 思考题 2-6

你有购买过"众筹"的产品吗？请讲述一下"卖家"进行众筹的过程。

七、 金融产品的网络销售

通过网络销售金融产品，主要是指目前国内比较热门的金融产品，包括公募基金、债券、私募基金、信托、资产管理计划、保险等，通过网络方式进行的销售。金融产品的网络销售涉及银行、基金、证券、保险、互联网公司、第三方平

图 2-9 金融产品的网络销售图

台等各个领域。

按照销售平台的不同,金融网销可以分为通过自建平台销售的产品和通过第三方渠道销售的产品,如表 2-1 所示。以 Bankrate(美国)、余额宝、百度金融、融 360、东方财富网为代表。

表 2-1 金融网销的分类

渠道	模式	典型代表
自建平台销售	● 银行资金发行银行端现金管理产品 ● 基金公司在自己的直销平台上推广的产品 ● 在电商平台上销售的理财产品 ● 与知名互联网公司合作的理财产品	● 广发银行(智能金)等 ● 汇添富基金(现金宝、全额宝)、广发基金(钱袋子)、嘉实基金(活期乐) ● 淘宝旗舰店上销售的理财产品 ● 腾讯(微信理财通)、百度(百度理财计划 B、百发、百赚)等
利用第三方渠道销售	● 通过基金超市销售的产品 ● 贷款超市销售的产品 ● 金融超市 ● 金融机构通过社会化平台,连接金融机构和用户,利用社会网络销售来销售的产品	● 数米基金网、好卖基金网销售的产品 ● 融 360 ● 91 金融超市 ● 微博银行、微信银行、百度金融

需要说明的是,互联网金融谱系的各种形态之间不存在清晰界限,而且是动态变化的。比如,保险业出现了根据汽车使用情况确定费率的车险(英文术语是 usage-based insurance),证券研究发现 Twitter 活跃度对股价有预测力,未来大数据与保险精算、证券投资结合,会促成很多新商业模式。所以,我们对互联网金融的 7 种类型的划分,还达不到严格分类应有的"不重复,不遗漏"标准。

思考题 2-7

金融产品的网络销售与哪些领域有关? 同样一款 A 公司发售的理财产品去银行购买和在网络上买有什么区别吗?

参考文献

1. 博鳌观察《互联网金融模式》
2. 清科研究中心《2015 年中国互联网金融行业投资研究报告》
3. 2014 年 1 月 27 日《财经郎眼》——比特币的真相
4. 百度百科

项目三 跟着案例学创业

本部分内容是此书的精华所在之一，六个创业案例均来自作者的学生或朋友，所以从创业的起源、创业前的尝试期、创业期的拼搏到后期的盈利相对于市面上其他的一些创业类案例来说都更为完整和真实。这些创业者都是白手起家，没有问家里拿过一分钱的投资，与动辄几百、几千万的投资对比，他们的项目够"小"，对于在校生、初创者来说更具有借鉴的意义。

案例一 兴趣爱好铺就的创业之路

案例简介

本案例主角王程飞是一名有理想的"文艺青年"。他的创业激情来自于对街舞的热爱。从高考失利到爱上释放压力的街舞再到参加街舞大赛并承担起中国街舞推广的重任。他并没有玩物丧志，而是将街舞作为了他的事业。在街舞推广这条路上，经历过产品归属权纠纷、员工辞职、资金链的断流。他和他的团队从单纯的街舞赛事录播到全球一级赛事转播，到街舞赛事的运营，制作出"街舞脱口秀"、"跟着街舞去旅行"等网络节目，再到成为国内最大街舞上下游资源集中者，一步步实现着自己的理想。

目前，他们合作过的国际顶尖赛事有 KOD Keep On Dancing、DANCE SPACE、JD Juste Debout、LOS LAST ONE STANDS。

案例故事

结伴街舞，奋战高考

2007 年正值高三的王程飞被繁重的课业压得喘不过气，一次偶然的机会在网络上看见了迈克尔·杰克逊的太空舞步，那魔幻般视觉的舞蹈给他留下了很大的震撼，他希望能像那位舞者一样在音乐中寻找自我，释放现实生活中学业的压力与束缚，摇摆出属于自己的节奏。他开始在网络上搜索街舞的相关信息与视频，而当时网络内容并不如现在那么丰富，国内街舞的资料更是稀少，大多还是来自欧美、日韩的视频。

一个高三学生喜欢上街舞，可以说这是一件让任何家长都会抓狂的事。王程飞的父母也不例外，仿佛街舞会是毁掉他们儿子未来前途的恶魔，作为艺术类考生的他在向家里保证不占用文化课学习时间，保证班级名次不后退的情况下获得了家长的默许。高三宝贵的休息时间，除了睡觉几乎都用在了街舞上，虽然跳得不好，但他特别喜欢那种感觉，什么都不要想把自己的身体投入到音乐里去，那种在压力很大的时候在舞蹈中找到自我的感觉，这也成了王程飞最主要的减压方式。就在这年他懵懵懂懂地开始喜欢上了街舞，那时他自己也不曾料想到街舞在未来会成为他的职业、他的荣耀。

初识街舞，认识自我

面对即将展开的大学生活，他满心期待，在开学前便通过网络联系了大学街舞社的社长。积极努力、真心热爱街舞的王程飞很快便受到了街舞社的认可。街舞社让他找到了一种归属感，很快便有了把街舞推广让更多人知晓的想法。大二，他不再满足于校内舞技的交流，开始去国内不同城市（包括香港）参加各类街舞比赛。家庭经济条件并不那么优越的他，为了赚取来回路费和赛事报名费，平时在学校勤工俭学，还租了台打印机为同学打印资料赚些路费。

他参加比赛的目的是为了接触不同的舞者，感受每个人不一样的跳舞风格，和他们交流舞蹈怎么跳，怎样理解音乐。他知道一味自我练习舞蹈是行不通的，不仅是他，全国各地的舞者都希望能有更多的街舞学习视频。但由于当时国内街舞市场并不大，相关资讯也不多，可以用来学习的视频资料更是少之又少。而且在那两年国内街舞大赛并不专业，赛事主办方大都依靠给兴趣爱好者打电话或者发短信邀请舞者来参加比赛。在反复参加比赛过程中，王程飞发现了自己身体条件的限制。在重新审视了自身后，他发现自己似乎更热衷于、也更善于与舞者沟通，制作赛事信息、国内外各类街舞信息。可以说，"街舞少年"在认识到自身能力与喜好后作出了一个从舞者转变到传播者的选择。

评价自身能力，确认发展方向

王程飞有着摄影摄像的爱好与艺术设计的特长，他用软件"翻墙"看到国外有较多高质量的街舞比赛现场视频等传播较广的资料，然而国内街舞相关内容却非常少，国内的舞者经常对着一个四五年前国外的视频如痴如醉地"嚼半天"。

王程飞懂街舞、会拍摄、会视频剪辑，再加上之前比赛在街舞圈又积累了一批核心舞者资源，于是，他便有了把中国一些好舞者的视频拍摄下来，并把国外优秀舞者视频引入国内的想法。当他将这一想法与身边舞者沟通后，得到的是一致的支持，通过与这些舞者深入沟通，初步确认了舞者的基础和深入需求。

开始付诸行动的第一步是和一位懂得网络技术的朋友 A 先生注册了"放客中国"网站，并在 56 视频网站上传相关视频，由王程飞负责网站内容，这位朋友负责网站制作和视频上传。网站主要内容是国内顶尖街舞赛事录播、国外优秀舞者视频、街舞音乐、舞者间交流等。在网站上，舞者可以免费获取更多的学习资料，也让更多的人有机会了解街舞，爱上街舞，享受街舞。2009 年该网站成为了中国内地第一个以传播和交流 Funk Style 音乐及舞蹈文化为中心的网站。可以说，这是王程飞在街舞文化推广中踏出的第一步和最重要的一步。

梅花香自苦寒来

有了目标的王程飞好像是上了发条的机器，2009—2010 年，大二的他在这一年内一个人自费跑了国内所有的街舞比赛，每个月少说有 4 场，所有的交通费、住宿费都是靠平时打工和那台打印机赚的。然后全中国街舞圈的人就发现，这个"放客中国"好厉害，什么比赛他们都有。大三的时候他就拿着去年积累的数据（传播过的赛事、视频点播量、转载量等）去找那些还想继续举办赛事的主办方，只要对方提供吃、住、行，无需额外费用就可以帮助主办方进行赛事和品牌的推广。2011 年，经过前两年的积累，他终于可以开始收取赛事推广费。随着《中国达人秀》《舞动中国》等电视节目中街舞出现频率的提高，年轻人对这一舞种的需求呈明显上升趋势，国内街舞赛事也更为正规和频繁，此时的王程飞对于增多的赛事和网站内容已经捉襟见肘，在与 A 先生"分别"后招募了 3 位志同道合的小伙伴。他们几个一起为了街舞事业打拼的精神着实感动了他们自己和网站用户。

没有事前协议，网站归属产生争议

2010年"放客中国"网站已经吸引了超过20万的活跃用户，还吸引到了百事可乐的广告，虽然只有2万元，但对于当时的初创团队而言，无疑是为他们打了一针"鸡血"，除此之外还有一部分街舞服饰、街舞课程的广告，虽然收入较少，但苍蝇再小也是肉啊。56网站账号上传视频的点播率在当时也是非常高的。

随着业务不断地扩张、盈利的开始，王程飞和合伙人之间渐渐产生分歧。合伙人A先生平时有份具有稳定收入的工作，他做这些是因为爱好，不会舍弃自己的本职工作。而王程飞想把它作为自己的事业而不是只局限于利用这个网站分享东西，发一些帖子之类的，他开始想要做网站粉丝的二次开发。两人就发展模式产生了分歧，同时原先一直被忽略的问题出现了，这个网站到底属于谁？2009年时王程飞是学生，注册网站得有自己的公司，所以由A先生申请并注册了"放客中国"的域名和56视频的账号。A先生认为，网站是用我的身份证注册的，当然属于我。王程飞认为，所有内容都是我在跑，我在提供的，你只是提供了技术服务，我是实际的拥有者。双方似乎都有着充分的理由说明这个网站是属于自己的。这时2011年的王程飞第一次开始考虑自己创业了。由于这次的纠纷，"放客中国"网站最后不再更新，现在虽然百度上能找到该网站，但已经无法打开。图3-1是百度百科中关于"放客中国"该词条的解释。

图3-1 百度百科对"放客中国"词条的解释

正式创业，全新起航

与 A 先生"分别"后，王程飞了解到"放客中国"这个品牌在街舞圈的名声已经很响了，但是名字里的"中国"这两个字不受法律保护，因为不是国企所以不能用"中国"两字。他就重新注册了"CHINA FUNK"这个域名和商标，再结合舞者的观看习惯，在土豆、优酷视频网站和新浪微博上注册了相关账号。

那时他和新招的三位小伙伴真是没日没夜地全国到处跑，基本都是每个月八场比赛的工作量，作为当时新兴的自媒体，对新闻的时效性要求很高，比如说周六拍的比赛，当天晚上回到学校之后连夜就得把所有的视频都发到网上了，然后整个圈里人都觉得他们好厉害，好快，效率好高，那时王程飞在通宵的自修教室喂着蚊子做视频，跟巡逻的保安都熟识了。当时他们一场比赛的拍摄刨去各类成本的净收入是 500 元。图 3－2 是"放客中国"的新浪微博，图 3－3 是后期转型后更名的"极志赛事"优酷网站截图。

图 3－2　新浪微博上的"放客中国"

图 3 - 3　优酷网站中的"极志赛事"

用免费占领市场,由赛事拍摄转向赛事运营

2011 年底不再满足于拍摄赛事视频的他开始尝试做一些街舞原创节目,并在自制节目中植入一些广告。因为当时品牌广告投资商,并不看那些很薄弱的数据,他们要的是他们的产品怎么样有更好的销量,更好的品牌扩张。对于这一步的迈出,王程飞其实自己心里没有太大的底,只知道这样做是对的,这样做好肯定会出名。加上之前积累的人气,不到一年时间,2012 年有一些品牌商找到他们要植入广告,慢慢有一些街舞活动主办方找到他们,希望他们去拍摄。

因为他们有着非常多国内顶级比赛拍摄的经验,又积累了不少资源,他们对不同比赛的运作也开始有自己独到的见解了,诸如在拍摄过程中他们的舞台搭建、比赛的视觉呈现怎么才能变得更好,观众怎么站位、在哪个区域去划分可以让后期的传播看起来高大上,哪些流程能让现场观众的体验感更棒,所以他们开始慢慢进入到比赛的策划和运营中去。他们在和赛事主办方一起商谈的过程中也逐渐有了较大的主动权。那时的王程飞真的是接近疯狂的状态,每周末都在全国各地跑,平时在校上课也基本都在做节目、写策划方案,每个月的大作业,只能找同学帮他做。这一点请在校同学不要模仿。

2012 年底到 2013 年初,他们之前免费拍的国内顶尖街舞比赛,都邀请他们以官方媒体的形式出现,并将媒体版权授予他们,基本是一千一个人一天(通常拍摄 1 人、制作 1 人、协调 1 人,以一个星期为期)。其余小比赛受到这些顶级赛事的影响也都会提前联系他们,有些不仅作为赛事拍摄,还作为策划,给小赛事拉广告、拉赞助。小比赛的费用是一个人三千一天,通常一场比赛一天或者两天,按天计算价格。

此外广告市场也会找到他们,让他们找一些优秀的赛事资源,让广告商在赛事上、在赛场里布置一些物料什么的,这样他们就变成了广告商的市场公关。同时广告商也会在他们平台上加广告,当时的价格是一个星期二三千元。

看到自己的拍摄受到了业内的认可,业务量价都有了保障,王程飞在这一年注册成立了公司——上海极志文化传媒有限公司,并开始运作旗下的 2 个品牌,极志文化和极致赛事。

整合业内资源,再次找到合作伙伴

经过不断的努力,赛事拍摄工作已经走上正轨,自 2013 年底,王程飞便将赛事拍摄工作交给招募的小伙伴了,而他自己则专注于做品牌,开始往更好的节目、赛事策划上开发。2014 年制作了《放客播报》、《跟着街舞去旅行》等节目,在优酷上获得了不少的点击量。同时着手准备做一个服务于圈内人士的 APP,做专业比赛的报名,包括裁判的评分、舞者社交等,这样就能将整个业内资源整合起来。

此外,他还与业内知名人士 B 先生合伙开公司,吸取了与 A 先生合作的经验,这次他们合作前就规划好,B 先生负责投资,其他什么都不管,占净利润的四成;王程飞负责公司的运营、技术开发,负责做出 B 想要的产品(APP),不出什么钱,占六成,相当于技术入股。开发的新产品包括了在线街舞比赛、在线街舞教学,例如找一些《中国好舞蹈》里的知名选手在线下教学,在房间里布一些机位,通过手上签约的街舞网红吸引到其他一些圈外粉丝来在线观看视频教学,付一两元钱就可以看不同机位的内容。可以说,B 先生需要做出来的这个产品是更偏向于娱乐化的,是基于他现在已经有了的线下街舞教学、演出的公司。图 3-4 为 2013 年制作的《放客播报》自制节目,图 3-5 为业内顶尖舞者汪坤炅对极致赛事的推广。

图 3-4　《放客播报》自制节目

图 3-5　业内顶尖舞者汪坤旻对极致赛事的推广

买了设备，发不出工资

　　资金的不稳定一直是初创型公司遇到最大的问题，王程飞也不例外，2013、2014年随着公司业务不断地发展、影片质量需求的提高，对设备的需求也大幅提升。除了小部分专业设备公司赞助外（需在片头片尾写上设备由某某公司提供），自身还需要购买一些高端的摄像机、编辑设备、导播设备。这个导播设备一天的租金是九千到一万五千元，购买的话一台需要20万元左右。2013—2014一整年公司的总营业额也就是四十多万，一个设备就要占了公司总收入的一半，还没包括笔记本电脑和摄像机的费用。但考虑到有了这些设备就可以做直播，就可以做出高质量的片子，对公司的发展会起到很重要的作用，所以王程飞当时狠狠心、咬咬牙、跺跺脚买了。2014年KOD10（KOD是Keep On Dancing的简称，是亚洲最大的国际级街舞赛事，与德国BOTY和英国UK-BBOY被业内共称为"国际三大街舞赛事"，这代表了中国最高水平并是唯一与世界接轨的街舞比赛）的总决赛使用这个设备做了中国街舞界历史上的第一次直播，当时在优酷做的直播，即时在线收看人数达到300万，还不包括后期收看的，也正是这次直播为公司后续与KOD的合作打下了扎实的基础，也创造了优良的口碑。

　　购买了设备的"症状"也是显而易见的，就是公司流动资金的紧张。此时屋漏偏逢连夜雨，有家合作公司出现了到账期给不了钱需要延期支付的情况，这样一来就有2、3个月没能发出工资，这些年轻人的生活压力本就大，又需要在外面跑项目，2、3个月没有工资，生活的困境可想而知。所幸的是，到了年底的时候他们收到了一笔红牛街舞大赛8万元的费用，解了公司的燃眉之急。但2月份过完年回来就有2名员工离职，到3月份公司的各项收入又纷纷到账，有了流动资金。除了这个事件，后续还发生过要去美国拍摄红牛的街舞大赛，需要自己提前垫付机票、食宿费等资金周转困难的情况。图3-6为造成资金链断流的设备。

图3-6　造成资金链断流的设备

开始收获的 2015 年

2015 年原先公司拍摄业务已经很平稳了,每年小赛事的基础拍摄大概是 25 万左右的合同。随着公司在业内声誉的不断上升,2015 年,公司接到了郑州旅游文化局的一个拍摄呈现,文化推广的项目,50 万的合同,还接到了"红牛"的一个 120 万的合同。"红牛"是一个为期两个月的红牛街舞挑战赛(RED BULL BC ONE 始于 2004 年,是由红牛公司举办的一个世界街舞竞赛,主要项目为 breaking 斗舞,是一项世界级的巡回赛,在街舞圈中具有超高的含金量),他们主要负责打包宣传,不仅要给"红牛"推荐选手以及网络宣传,还包括赛事宣传、舞者推荐招募等。由于"红牛"需要的是导演呈现形式,公司便花钱请了一些电视台团队,来配合"红牛"高端的形象。组图 3-7 为公司员工现场工作图。

图 3-7　公司员工现场工作图

将竞争对手变成合作伙伴

街舞做到现在,公司也遇到过不少竞争对手,2015 年公司作为 KOD 官方媒体运营商,为了让 KOD 的数据量更统一(把点击量集中到一点),就跟其他街舞媒体谈,希望他们能主攻周边花絮报道一些好玩的,让赛事其他多样化的内容更广泛。因为其他街舞媒体现场拍摄的确没他们专业,又不能同步,而且如果其他媒体也做现场拍摄的话,最终数据将被分流,下年再跟 KOD 谈判时筹码会降低。这样对品牌的数据量化会更集中,不然客户会分流,对下次靠数据谈投资会不利。作为回报,他们允许其他几个团队在 KOD 赛事期间使用他们拍摄并制作完成的片子(可以打上双方公司的 logo)。然后几个团队都同意了,因为这样他们既能有自己拍摄的内容,也能拿到现场报道的视频,还能分到 KOD 的费用,对王程飞的公司而言,他们也更好地控制了这些非官媒,对于 KOD 本身而言又丰富了赛事周边的内容,可谓是"三赢"的局面。

有一家新兴公司也是做街舞现场拍摄的,由于技术水平和视觉呈现上不够,所以一直处于行业底层,由于各大赛事的版权都被王程飞公司承包,他们拿不到市场,只能做一些微小赛事的现场拍摄,考虑到再微小的竞争者都有可能成长为大威胁,所以公司在把控好版权的情况下,将接到拍摄的活的基础部分交给这家公司完成,这家新兴公司就成了王程飞的拍摄外包公司。这样一来这家新兴公司增加了拍摄的业务量,王程飞也等于将这家公司变成了自己的子公司,少了个竞争对手。组图 3-8 展现了王程飞 2016 年 3 月 7 日在法国巴黎的 BOTY 街舞比赛代表中国队入场的情景、现场比赛状况以及"极志文化"、"极志赛事"团队成员合影。

图 3-8　BOTY 大赛现场及团队合影

 案例点评

　　这个项目最重要的点在于定位清晰,在红海中找到了一片蓝海。街舞属于非主流舞种,受众群、消费群和受关注度甚至没有广场舞广泛,但换一个角度看,也正是找准了这样一个细分市场,市场定位清晰,才能在这个领域做出一番成绩。

　　项目理清了街舞上下游之间的关系,主营业务几经转向,从单纯的赛事视频拍摄传播到赛事运营再到街舞供应链中资源整合,每一步都配合着公司的发展和外部环境的契机,最终成为了街舞界的"第三方"资源供应商。

　　玩物不丧志,将自己的兴趣爱好作为创业项目,全身心地投入定然能做出一番不凡的成绩。

案例讨论

　　1. 王程飞从哪几个方面确定将街舞推广作为自己的创业方向?

　　2. 你认为王程飞第一次与 A 先生合伙创业存在哪些问题? 如果是你如何处理?

　　3. 请讲述公司为何可以由赛事拍摄转向赛事运营的原因,请讲讲你对这次转型的看法。

　　4. 请讲述公司在赛事运营方面与广告商、赛事主办方二者之间的关系。

　　5. 请说说王程飞是何时,通过哪些因素来确定要注册成立公司的?

　　6. 请你分析王程飞公司发生财务危机的原因? 财务危机带来了哪些负面影响? 如果你是他该如何避免呢?

　　7. 在 2015 年公司接到了"红牛"的项目,他们斥资邀请了电视制作团队进行效果制作,对他们这个行为你怎么评价呢? 原因是什么?

8. 结合本案例最后一节"将竞争对手变成合作伙伴"中,讲讲什么是"三赢"的局面?

9. 结合本案例最后一节"将竞争对手变成合作伙伴"中,尝试分析一下该小节中将"新兴公司"作为自己视频拍摄的外包公司存在哪些好处与风险?

10. 结合案例想想,自己的兴趣爱好是否有能发展成事业的可能性? 如果有,你打算如何去做呢?

案例二　比男女朋友更难找的是生意合作伙伴

 案例简介

陈少平在大学时轰轰烈烈地做过一阵子"外卖小哥",但终因利润分配、团队中的角色等问题闹得不欢而散。之后在与"发小"合作的汽车轮胎店过程中吃尽了各种苦头,又因不善管理、记账方式太过"粗放"被怀疑做假账而再次决裂。经过前两次失败的合作关系后,他认识到了自身的特长与不足之处,迎来了第三位合作伙伴,开启了他的轮胎超市。在经过与合作伙伴共同努力后成功打造了第一家"途虎工厂店",陈少平在确认了市场需求与工厂店模式的可行性后,采用了抢先占有市场的战略,一年内在上海开出了两家"途虎工厂店"。

案例故事

从失败的合作经验中找到自己理想的合作对象

2011 年,上海某大学大二的陈少平和其他同学一样都觉得学校食堂的饭菜不好吃,学校又地处偏僻,周边没有什么小吃快餐店,那时候也没有"饿了么"、"美团外卖"等餐饮类外卖快递,要吃外卖就得提前 2 小时订,起定量是 5 份,只能送到校门口,大学的校区都比较大,从寝室走到校门口通常还需要 10 多分钟。所以一到上午 10 点陈少平就会呼朋唤友地一起订午饭的外卖,有时候还因为凑不齐 5 份外卖而"流单"。这时陈少平的一个好朋友 A 同学找到他,说他已经谈妥一家具有正规营业执照、员工也都拥有健康证的小饭店,以每份 6 元的批发价购得市场上售价 8 元的盒饭。该盒饭采用"全家"、"罗森"超市这种较为美观的盒饭包装,每天中午免费配送一次,当天只提供一种菜品但每天的菜品不同(一大荤、一小荤、一素菜、饭、一小包饮料的搭配,周一只有鸡腿饭、周二只有大排饭这种),要求是每个月提前预付最低的 3 000 元作为货款,多不退,少了要补。A 同学说他已经预付了第一个月的费用,问陈少平是否愿意加入一起干,扩大每天的预定量,每单有 1 块钱提成,并免费吃午饭。陈少平一听觉得有做头,闲着也是闲着,身边同学大都喜欢吃外卖,于是便答应了下来,这样加上 A 同学外还额外找了 B、C、D 一共 5 位同学开始干起了外卖小哥的活。

急速扩张的外卖业务

他们先对比了这些菜品在食堂的价格,食堂是大荤、小荤、素菜分开来一个个单买的,加起来基本是 8—9 元,他们有一小包饮料(小饭店免费赠送的),再加上 1 元的送货上门,定价就取整 10 元了。至于同学是否愿意把外卖叫到寝室吃,他们采用的是推己及人法,一是因为中午下课后食堂是爆挤的,二是因为寝室便于送货和收货款。最初点餐的同学仅限于自己专业内,都是在寝室楼道里或者班级里找到 5 位送餐小分队中一位,说一下就能下订单,这样最初每天中午可以有30多单。学校有个区别于其他地方的消费点,那就是群体性消费,一旦寝室的一个同学订了外卖其他同学也很快就会效仿,然后再由一个寝室蔓延到其他寝室,再逐渐蔓延到其他专业。很快他们每天几乎都能接到100多单的外卖了。

这时候他们就考虑加速扩张了,先是买了个手机号,用来接收订餐的短信,后来由于订餐范围扩大到其他专业,并且订餐时间段也从中午扩展到中午加晚上,订餐短信已经不能很好地满足统计工作了,于是他们就用自己学过的粗浅的网页制作知识制作了一个订餐网页,网页的功能并不多,就是之前盒饭的图片,再加一个表单填写,姓名、寝室号码、手机号、需要几份餐、午餐或是晚餐,这样每天中午下单前看下网站后台就知道需要预定多少份了。这时5人的送餐小分队面对每天300—500多份的派送已经显得力不从心了,于是他们又在其他专业招聘了几位"外卖小哥"和"外卖小姐妹",至于为什么会有"外卖小姐妹",是因为女生寝室男生不能入内,而订餐的同学又觉得我都付了快递费当然是送到寝室最好了,送到楼下还得跑个5、6层楼拿,往返又是10多层楼。我们可以粗略地算一下,取一个平均值400单,按每单3元的收入那单天的收入是1 200元,去除自己吃的10份饭60元,也就是每天大约1 100元的收入,按一个月20天平均日期来算,每月保守收入就是22 000元(周末他们也派送的,只是周末份额少些)。对于2010年的大二学生来说,这是一笔非常庞大的收入。

到底是合作还是雇佣

故事发展到这里原本应该会朝一个好的方向发展下去,但事实上隐患在一早就埋下了。在每个月2万多的收入产生后,最初的5人团体内产生了争议。其余4位同学都认为他们和A同学是合作关系,而A同学认为是雇佣关系,这一关系直接决定了盈利分配的比例问题。

陈少平觉得最早订餐的电话卡和手机都是他的,后期网站也是他制作的,他承担了小组内订单统计工作,而且在盒饭推广上他也是不遗余力的,所以他应该是合伙人而不是被雇佣的伙计。其他3位送餐小伙伴觉得他们是最早开始推广这个项目的,把盒饭推广到其他专业,把这个项目当作自己的事业在做,投入了超多的精力,怎么会只是一个雇佣伙计的关系呢?

A同学的理由也非常充分,最初这个送盒饭的想法是他想出来的,对于盒饭店的甄选也是他去跑的,前期预订费也是他付的,要知道如果盒饭量没有达到3 000元一个月的话,预定费也是会打水漂的,这是有一定风险。而且一开始就说清楚了派送1单1元的跑腿费,还包括一顿午饭,这明显就是雇佣啊,没有说是合伙干啊。

伴随着这个问题的产生,小伙伴之间开始闹矛盾了,每个人都有着自己的理由,不能简单地说清楚到底谁对谁错,最终经过调解,A同学支付了其余4位同学1 000—3 000元不等的费用。

矛盾过后的分道扬镳

因为利润分配问题,送餐小分队的5位同学再也不能毫无嫌隙地劲往一处使了,陈少平觉得A不够义气,就主动退出了这个项目。B、C、D觉得A这么干压榨了他们的劳动力,于是也退出了,不同的是,他们觉得盒饭主要都是他们送的,不就是找家饭店供应盒饭嘛,有什么稀奇的。于是他们3个就另起炉灶,拿着以前订餐量的数据找了另外一家饭店,跟他们谈送餐的事情,也拿到了6元一个盒饭加包小饮料的价格,而且前期预付款降到了2 000元。A则因为其余4人的退出开始重新招人送餐,自己负责手机短信接单,送外卖的待遇和之前一样,这次他说清楚了支付的费用是跑腿费和工作餐。

这样,校园里就存在着2家送餐上门的生意,虽然存在着竞争,但总体也还是相安无事,还经常出一些诸如满五送一、抽奖等活动。只是半年后随着学校主要提供各类小吃的新食堂的开张,这场外卖之战也就不了了之了。

创业前的实习,进店当学徒

2013年6月陈少平大学毕业,正在犹豫是继续做家里的建筑业还是找份工作时,他看到了一份老家上虞地区的汽车的相关报道,报道称当时上虞地区约有20万辆私家车保养的需求缺口。结合在上海观察到的私家车发展趋势,陈少平想到上虞地处浙江省绍兴市东部地区,是省级区域交通枢纽中心、绍兴商贸中心,发展规模虽不及上海这个国际大都市但也是浙江发展重地,所以他认为上虞地区私家车保养的缺口还将增长,应该是朝阳行业。但他和他的家人都没有汽车维修这块经营的经验,贸然地投资开店风险会很大,开汽修店对技术和资金要求都比较高,所以经过考虑,陈少平打算以相对技术门槛和资金门槛较低的轮胎更换入手。开始,他选择先进一家当地米其林签约的汽车保养店当学徒,一来能学习一些关于汽车保养维修的基础技术,二来能了解这个行业的实际情况,三来还能学习到汽车保养店铺的运营管理方式。

米其林签约店与其他汽车保养、轮胎店的区别是米其林官方前期给授权店免费装修,然后给一个授权,可以在米其林官网上找到这家店。授权店定期要到米其林公司拿货,每个月根据店面大小和装修的情况进不同数量的轮胎。这些轮胎并不便宜,甚至比市面上的其他渠道诸如淘宝、京东上的一条要贵上一二百多。这就是行业里面的一个水分,也是很多签约店做死的原因,轮胎进价没优势,他的进价是其他不签约店的卖价。所以在这家米其林签约店当了3个月的学徒了解清楚了相关信息后,陈少平便告别了这家店铺,准备另起炉灶。图3-9是陈少平(右一)在米其林签约店当学徒时与同事在店门口搞笑的照片。

图3-9 陈少平与同事合影的搞笑照

轮胎店初始的经验与教训

经陈少平调查,在上虞市区做轮胎更换大概需要四五十万元的投入,于是陈少平将他的想法告诉了他的发小。由于他们两家是世交,关系很好,所以一拍即合。2014年1月,陈少平投入15万元,发小出资25万元的第一家轮胎更换、汽车小保养店就这样成立了,其中包括房租、设备、轮胎备货以及一辆二手小货车。陈少平负责所有日常事务,发小仅负责出资并不参与日常管理,利润两人平分。

轮胎店,顾名思义主要盈利点就是卖轮胎,赚的就是轮胎差价。差价是怎么来的呢?比如说米其林一款轮胎在上海可能卖五百元,而在江苏可能就卖五百五十元,有的轮胎店做得比较大,可能年消耗几万条轮胎,他们不从江苏拿而从上海拿,那相当于便宜了五十元/条,减去运费十块钱一条他们还能赚四十元/条,所以导致了轮胎全国串货严重的情况,这就是轮胎的一个水分所在。除此之外,轮胎的价格因素还受到以下因素的影响:第一,国内产能情况;第二,国内经济情况,也就是内需;第三,也是最重要的一点,在国际层面,美国反倾销政策导致国内很多轮胎厂家倒闭,轮胎跌幅达到40%—50%。

刚开店的时候正处于轮胎价格顶峰期,陈少平在这个价格高点囤了点轮胎,当时进价要一千的,随着美国反倾销事件的影响后来市场价只能卖到六百,这样大幅降价是初入行业的陈少平没有预料到的,为了摊低轮胎的成本他在一些大平台做活动的时候,以400—500元的价格进货。这些平台平均卖一条轮胎就亏100—200元,这么做是为了抢夺线上的企业业务部分客户,这部分差价通常都是风投钱烧砸出来的。于是陈少平趁这个时候囤积轮胎,摊低了之前的轮胎成本,到时候自己也能组织活动,这些轮胎都是正品,不怕比货,所以客户也就愿意去他们店购买。

找到合作平台,加速发展

身为电子商务专业毕业的陈少平很快感觉到在网络上购买轮胎到线下实体店安装的人数有上升的趋势,专业的敏感度让他第一时间决定与诸多网络零售平台合作,成为他们的签约店。其中量最大的就是途虎养车网[①]。由于陈少平的店铺位于市区,途虎又有地域保护措施,同一地区多少范围内是不允许开第2家的,而其他很多轮胎店都位于郊区,所以很多上虞市区客户要换轮胎优先考虑的肯定是他们。

当然陈少平同样也知道互联网的变化莫测,今天你强明天我强。为把风险降到最低,他把网上能签的店都签了,包括京东、路华救援、苏宁易购、淘宝上面的商家联盟都签了。

与这些平台的合作模式就是客户在网上买好轮胎到店里来安装,实体店就是单纯的一个安装点,因为这个轮胎不是说客户自己能安装的,它不仅需要技术还需要设备,包括汽车的一些零配件也一样,自己能买但自己装不了。陈少平将此定义为一个轻商品重服务的时代。商品在网络通过比价,价格是很透明的,客户可以自己带过来。服务对汽修这行来说也就是一个工时费,工时费它是不会变的,比如在他们店做个大保养,能比4S店便宜一半,三个多小时的工时费能拿到三四百块钱,如果师傅技术好一点的话一个半小时也可以的,整个量上去的话,收益也是客观的。图3-10是陈少平的第一家轮胎超市。

图3-10 陈少平的第一家轮胎超市

名词解释:

① 途虎养车网:途虎养车网2011年创立于上海,是中国第一家养车类B2C电商平台,主营轮胎、机油、汽车保养、汽车美容等产品和服务,为客户提供线上预约＋线下安装的养车方式。在线上,客户可通过网站、电话、微信、APP、各大电商平台等渠道购买途虎的商品与服务。在线下,途虎目前有6 500家合作安装门店,服务能力覆盖30个省直辖市、275个城市。合作安装门店为客户提供先安装后付款的服务,有力地保障途虎客户良好的购物体验。目前,途虎养车网是中国最大的汽车后市场B2C电商平台。

图3-11 途虎养车网首页截图

抓住机遇,增加服务内容

随着与各大网络平台的合作,陈少平店里的轮胎也是越换越多,客户网上买轮胎然后到他们实体店去安装,他们就是O2O里后面那个O。一条轮胎的安装费是20元到30元,单靠这个费用肯定是不足以支撑一家门面店的,但这却是一个很好的切入点,因为这些平台能带来大量的客流,有了客户,后续的一切服务才有可能开展。根据客户的消费习惯,通常换完轮胎后还需要做一些相应的四轮定位、大小保养、刹车片等,因为刹车片跟轮胎的更换频率是差不多的。

但增加这些服务相当于一次新的创业,风险系数也就比较高,可一旦成功这将大大有利于公司的发展。在征求了发小的意见后,他们便开始找一些相应的技术师傅,但由于最快转型涉及保养,而换火花塞、刹车油这些都是一些偏技术型的工作,所以首要的就是换会做小保养大保养的师傅。陈少平从赶集网上招聘到了全国各地相应的师傅,他们的工资底薪是四千元/月,比其他同类公司高出一千左右。因为这些师傅都是从外省市招聘来的,他们愿意来绍兴下面一个区级城市,所以工资也就要相应地高些。至于为什么要舍近求远找外地的师傅呢?缘由有两个方面:第一,招聘本地的师傅并不容易,毕竟上虞是个小城市,轮胎店一共也就五十家,可能很多店的老板自己就是大师傅,怎么招也没有人会来,但网上的量就大了;第二,当时陈少平是和互联网合作的,他不想把他的商业计划说出去,因为一开始还没有站稳脚跟,如果本地的师傅学会了,他们也会跟途虎申请,而当时他在途虎的量还没做出来,还不能让他们知道,如今陈少平已经占好了市区的领域了,就可以招本地师傅了,哪怕他们现在知道,他们也无法申请,因为途虎有地方保护政策(一个范围内只能有一家授权经营店)。店里的一楼是维修区,二楼则是这些师傅们的寝室,从初创一开始,陈少平便和师傅们在汽修店同吃同住,因为他认为他们是共同起家,一起来创业的,此外还给了师傅项目提成作为激励机制,而在当地其他店铺里的师傅是没有提成的。图3-12是店内增加的保养项目。

图3-12 店内增加的保养项目

线上运营、线下推广,双管齐下

店铺的推广一直是线下实体店铺的重要问题,在2014年开店之初陈少平就一家家去拜访了上虞地区的汽修店,一开始网上积累的评价少,信誉低,所以轮胎量是没有的,一个月的订单才三个,所以他们店一开始亏得很厉害。与这些修理厂合作可以帮陈少平的店带来人气和收入。因为当地维修店一般没有更换轮胎服务,所以双方业务不冲突,当有更换轮胎的用户需要维修时陈少平也会介绍他们到那些合作的汽修店去。

由于陈少平毕业于电子商务专业,依靠网络媒体来宣传自己对他来说这就不算是什么事了。他的店铺在上虞,所以线上推广主要就是上虞在线、上虞论坛这些比较知名的本地网络论坛和微信公众号。上虞论坛是上虞本地的一个论坛,只要交了广告费就可以发广告,如果不交,管理员会直接删掉,陈少平在论坛投了三千元左右。而上虞在线是一个微信公众号,一个月发一次,一次一千,陈少平连着发了两个月做了两期活动,店里的人气一下子就拉上去了。合作方式是陈少平先把活动的大致方案写出来,上虞在线负责润色。考虑到受众群直觉上是排斥广告,但更容易接受一些与日常生活有关的经验分享类文章,所以在推广的文案上陈少平首先会从客观和专业的角度介绍轮胎用到何时需要换、如何鉴别轮胎、做四轮定位的关键点,如何区分正品和仿品,最后再在下面写"换轮胎找上虞轮胎超市"、"活动价格"等的词条,这样客户接受度就比较大,会感觉这家轮胎店是货真价实的。除此之外,线上营销还借助了百度地图和大众点评,现在越来越多的消费者会借助百度地图来定位周边的服务产品,所以在百度地图里面添加店铺信息,如此一来通过查找百度地图而来的客户就有不少;其次就是大众点评,陈少平发现很多客户都来自于上海,而在上海的人们很喜欢使用大众点评,上虞的大众点评搜索轮胎结果第一家便是陈少平的店铺。

情理之中,意料之外的闹翻

随着轮胎更换、汽车保养公司的不断发展,公司可以说是逐渐走上了轨道,这时店里一个月的营业额在六七万左右,一个大师傅、两个徒弟工资不加提成开销大概一万左右,盈利在上升期一个月大概二三万的样子,在第一家店盈利能力稳步上升的情况下陈少平考虑开第二家店。但棘手的状况也在这个时候出现了。发小在2014年底盘库的时候发现账和实际支出对不齐,少了三万,于是纠纷产生了。

发小觉得,我那么信任你把钱投给你,还不参与管理,店里全凭你说了算,你居然账都做不齐,少掉的钱也说不出用在了哪里,这分明就是你在滥用职权啊,你把我对你的信任放在了哪里?

陈少平觉得他主要将精力花在了市场开拓、店铺技术提升上,对店里的日常记账是随便了些,但这都是店里的一些开销啊,一些为店铺买空调、电视机、买菜钱没及时记账,过后就有些金额记得有出入了。关键是,当时没给自己开工资,只说了利润对半分,但他平时也需要生活吃饭开销的,没有工资收入就只能从店里日常支出,而且都是跟店里师傅一起开伙吃饭的钱。半夜里来换轮胎的账都记了,但有时候一些细小的账没及时写下来,被什么事打岔了就忘了。我为店里贡献那么多,你因为一些账对不上就怀疑我,你把我的人品放到哪里去了?

就这样,两个年轻人各执一词,一气之下就决定散伙,陈少平以日常对店铺贡献多要求发小撤股并离开店铺,但发小觉得自己出资多所以应该是陈少平离开店铺。这一架吵得连家里人都惊动了,由于两家之前是世交,在双方家长介入后平息了争执。考虑到发小从未经营过轮胎店没有相关经验,接手后一切都得重新来,所以发小同意按市场行情年化10%的利率连本带利撤资,将店铺过给陈少平。陈少平用之前店里赚的再加上问家里借了些钱,算是把这笔账还上了,但同时还要支付新店的费用,资金就显得有些捉襟见肘。

与"IBM"的结识，一同经营新店

2015年陈少平单飞后，一直没有再考虑与人合作，直到"IBM"的出现。"IBM"是一名IBM公司绍兴地区服务器这块的负责人，有着一定的管理经验。在"斯诺登"事件之后，为防止国家安全信息被泄密，我国宣布不能在国家事业机关等地方使用IBM的服务器，这样一来他就遇到了服务器卖不出去的问题，他觉得再过两三年可能会面临失业的问题。"IBM"曾经在陈少平的店里买过轮胎，他觉得汽车维修保养的行业很不错，所以在2015年找到陈少平跟他谈想入股新店的事。当时陈少平一方面有着经济的压力，另一方面一个人管理一家老店再加上筹备新店确实有些力不从心，管理又一直不是他的强项。经过协商，"IBM"出资新店全部所需的资金二十二万，占2家店总共40％的股份，在店里负责记账、日常员工管理等。陈少平凭借第一家店及技术优势占60％的股份，他负责第二家店的员工招聘及技术培训、进货、日常技术方面的管理、公司推广、渠道等方面。

由于有了第一家店的经验和客户累计，加上第一家店中设备以及员工可以共享，新店一百多平房租三万五一个月，四轮定位设备和其他一些设备大概七八万，利用了四米多的层高做了阁楼存放轮胎，很快的，第二家店在第三个月时已经开始盈利了。吸取了之前的教训，这次陈少平每月领取六千元，IBM每月领取四千元的工资，年底店铺内视具体情况再分红。

经过一年的奋斗，到2016年底老店年净利润已经可以达到二三十万，新店净利润十多万（主要是前期投资较大，造成净利润看上去较少的情况）。

图3-13 第二家轮胎超市门店

成功转型的第三家"工场店"

随着上虞市区两家轮胎店经营的稳定，2016年陈少平打算开第三家店，有别于之前两家的模式，第三家店采用的是途虎最新推出的"养车工场店"。陈少平之前开的2家轮胎店是途虎签约门店，与途虎是一种松散的合作关系，这种合作关系途虎只是提供给消费者一个具有一定资质的轮胎更换店，线下实体店门头上挂的是陈少平自己的品牌，并不挂途虎的招牌。而工场店，是指线下门店与途虎签约形成一种更紧密的合作。门店要想成为途虎"工场店"，需要付出的是首先向途虎一次性缴纳30万元加盟费，以及每月8 000—10 000元的管理费。门店能获得的是拥有途虎授权的门头、免费的全国风格统一的装潢、

客户的导流、维修保养的产品如火花塞、机油、汽修工具、零配件等,其中管理费包括了途虎派遣的驻店代表一名和有权使用途虎的网络系统。该驻店代表会带入一套标准化的汽车维修、保养的流程,大大提升了客户的到店体验。使用了途虎的网络系统,所有的交易流水、客户信息、采购等都是通过途虎的网络平台进行。业务上,原先的两家店都是以更换轮胎为主、以快修或保养为辅,而"工场店"主攻的就是维修和保养,可以说业务的难度级别上升了许多。

这先期的30万元加盟费的投资是陈少平与"IBM"对半分,房子是"IBM"家的,所以房租算作"IBM"的投资,这家店的利润是双方对半分,之前是陈少平六"IBM"四的分法。这第三家店在2016年9月20日正式开业,开业短短一个月就已经达到收支平衡,截至2017年8月底,净利润为五十多万。图3-14为第三家店的门头照片和内部图片。

图3-14 第三家工场店的门头照片和内部图片

第四、第五及正在筹备的第六家店

随着第三家店运营的稳定,陈少平开始考虑将工厂店开到上海来,他考察了上海莲花路、金桥工厂店的具体运作情况后,发现工场店的模式在上海更受欢迎,客单价更高。举个例子,上虞的顾客到店做个一千元左右的保养已经属于高消费了,但在上海很多客户都会按照途虎APP中提示的保养项目做,一套下来基本都是四五千。于是陈少平决定将店铺选址落在南翔镇,那边位于上海边缘、交通方便、房租较市中心等地区较为便宜。这家店的合作伙伴是朋友的朋友介绍的,在看过陈少平之前开的几家店后,X先生决定合伙开这第四家店,X先生投入85万、陈少平投入15万。作为南翔本地人的X先生在当地的运管所、工商局都有一定的人脉,他看好汽修业的发展,但又不懂如何去经营。经协商,陈少平负责店里日常的所有事务,X先生只负责投资,净利润方面陈少平约占30%,X先生约占70%。

看到这里有没有一丝熟悉的感觉?好像陈少平与他发小的合作就是这种模式,发小出钱但啥事都不管,结果年底一盘账发现有出入,两个人各执一词最终不欢而散。这次陈少平还敢采用这种合作方式的主要原因是,工厂店内所有的账务、流水、员工工资走的都是途虎系统,没有太多额外的账,员工管理方面,毕竟经过了三家店的磨练,陈少平已经比之前成熟很多,除了一名途虎的驻店员工外,陈少平还从上虞带来了一位一直跟着他的师傅来上海当店长。这位师傅也具有一定的代表性,他最初是一名搬玻璃的工人,后来觉得搬玻璃没前途想学门手艺,就去了陈少平的店里当学徒,每月一千元的工资,这位师傅好学又肯干,一年半后,工资就涨到了六千五,现在跟随陈少平来到上海做店长,加上提成月薪达到税后一万五。

第四家店于2017年5月开张,6月就实现了收支平衡,据陈少平预计,该店铺年净利润可以过百万。第五家店位于浦东惠南镇,合作和运营模式与第四家一样,也是找了当地人合作,三七开的利润分配,预计在2017年9月开张。第六家正在筹划的店位于杭州。图3-15为第五家店的门头与内部情况。

图3-15 第五家店的门头与内部情况

项目风险和给在校生的建议

对于第三、四、五家店和正在准备的第六家店的扩展速度,陈少平坦言的确是发展得比较快,原因有以下几点。

第一,这几家店的运作模式是一样的,有了第三家店的成功经验后,之后几家店复制这个模式所以速度较快。

第二,这些店的前期考察选址、途虎流量分析、店内人员配备等准备阶段的事情比较关键和辛苦,在店铺正式开张后其实就没有那么辛苦了,一是途虎会派一名驻店人员长期在店里,帮助店里用一套标准化的流程进行运作从接待客户到车辆检查、维护保养再送走客户;二是陈少平每家店里都会派个之前第一、第二、第三家店里的老员工进驻当店长帮他管店;三是这些店铺所有日常流水都是走途虎的网络平台,做假账等情况发生可能性较小。

第三,对于途虎刚推出的"工场店"这个模式,他做下来觉得不错,所以想要再开几家提前占有市场。

第四,这些店铺他并没有全资投入,都是有合伙人一起投资的,所有资金压力相对较小。

第五,他查看了目前的市场数据,发现途虎在汽车后(购车后)市场中占到50%的份额,而苏宁、车管家等四五家平台加起来占有50%,并且途虎还在不断地获得大额的风险投资,这就说明市场对它的预期是好的,一下子倒闭的可能性并不大。

第六,年轻嘛,拼一下,闯一闯!

对于未来的发展,他觉得再开两家店就差不多了,之后可能会将之前这些店的盈利逐步投到其他领域和项目中去,毕竟鸡蛋放在不同的篮子里才更安全。

对于在校生,他给出的建议是:在校期间多去实习,只有通过实习你才知道哪些岗位适合自己,才能及早地给自己进行职业规划。并且这些实习尽量都要找有一定岗位意义,可以有较大发展空间的岗位。陈少平觉得,虽然学生去 KFC、去奶茶店、去发传单也是打工,也是接触社会,但接触的人和事非常有限,这类打工你能获得一些钱,但不能拓宽视野。比如你去公司里帮忙做做杂事、去大学导师的科研项目做做助手之类的,总之是要去可以看到类似于将来工作后的情况的公司。图 3-16 为陈少平个人照片。

图 3-16　陈少平生活照

案例点评

陈少平是一位非常肯吃苦,肯钻研有干劲的青年,这点从他与维修师傅同吃住、自己开发订餐网页、创业前先在轮胎店当学徒可以看出。前两次的合作都因事前没有划清权利与职责,就算是再亲的兄弟,在合伙做生意前也必须讲清楚盈利了如何分、各自在项目中所承担的部分,以免后期盈利后产生各种纠纷。

他所挑选的行业具有较大的市场,随着国力的发展,社会的进步,私人汽车也越来越多,随之而来的汽车后市场也会非常的巨大,因为一来客户哪怕在网上购买了轮胎和配件,自己也无法更换,必须到实体店去维护;二来各大平台要推广自己的网络汽车零配件,最终还得依靠这些终端维修点。所以哪怕今天占据汽车后市场50%的途虎突然倒闭了,也会有其他途狮、途狼的网络平台运营商出现。

在合作开店上,陈少平的目标也非常清晰,他将资金投入在不同的分店中,通过合作伙伴入股来填补资金空缺。他靠自己的经验、劳动获取这些分店30%的利润,分店数量上去了,他的总收入也就大了。

 案例讨论

1. 为什么 A 同学组织的"外卖"在学校里的生意可以一下子极速扩展?

2. 结合案例谈谈你对"外卖"这个项目最终初创成员"分道扬镳"的看法,这里面你更支持谁的说法?

3. 陈少平从哪几个方面确定要从事汽车轮胎更换、保养行业的?

4. 在与发小合作的轮胎店最开始经营时,陈少平犯了哪些错误?

5. 请结合案例说说陈少平最早是如何在网络上推广店铺的。

6. 你觉得陈少平与发小合作的第一家店两人是如何分工的? 又为什么闹翻,主要是什么原因造成的?

7. 在经历了两次合作失败后为什么陈少平愿意接受第三次与"IBM"的合作,有哪几方面原因? 两人的合作模式是怎样的?

8. 请讲讲为什么 2016—2017 年陈少平能如此快地开出了第 3、4、5 家店? 对于如此极速的发展,你是如何看的?

案例三 是当金融白领,还是当淘宝店主

 案例简介

本案例主角周曜(化名)是从四川省成都市考入上海财经大学,主修金融专业的学生。大二的他和同学一起成立了公司,承包了校内一家实体店铺,考虑到进货成本和客户群,他们将店铺打造成格子铺,其后又与五角场的万达影院合作推出"学生票"。大三的他开了淘宝店,卖火了一款"搞笑证书",赚到了人生中的第一个一万。

在经营了2年的淘宝店并小有成就后，毕业时的他面临着两难的选择，是全职做淘宝，还是去金融公司做白领。在金融公司历练了一年后，他最终还是选择为自己的店铺打拼。在自主创业的这条路上，他经历过各种艰辛。他从一名毫无背景的大学生到现在拥有2家淘宝C店和2家天猫店，这都和他自身不断探索、不断学习的行为有着密切的关系，他在创业的舞台上演绎了精彩的人生，因为他一直坚信着自己的梦想。

案例故事

降低进货成本，增加商品种类的办法

2007年四川省成都市的周曜考入了上海财经大学。作为商贸类大学的学生，他对经营、商业可以说有着一定的敏感度，2008年大二的他与寝室兄弟以及一位大三的师兄5位同学共同成立了一家公司，虽然这家公司当时没做什么业务，他们就想先设立着，将来应该用得上。一次他们看到校园内有个店铺招租，他们凭借着公司这一较为"正规"的组织形式PK掉其他同学拿下了这个店铺的经营权，开始了他们的第一个项目。作为学生，他们没有太多资金，同时也不愿意为了实现自己"做生意"的想法额外增加家里的负担，所以想着法子节约装修和进货的成本。在经营模式上，他们考虑学校里消费群都是学生，卖的东西得是同学们喜欢和平时用得上的，但喜欢这种东西因人而异，女生男生的审美或喜好更是相差很大，如果一下子进满各种类的货品进货成本又太高，得压好大一笔钱在里面，资金周转的速度就慢。经过再三考虑他们把店铺打造成了一个格子铺。格子铺拆分成一个个小空间用以出租，每个格子100—200元，如果有同学想卖自己的东西可以租借他们的格子。这样一来他们既节约了进货成本又丰富了店铺内货物的种类，格子主也会主动宣传店铺，成了店铺的免费宣传员，同时这些格子拆分出租的租金也能成为店铺的一个较大且稳定的收入。大学里的课程相对较松，他们5个就轮流看店，有利润的话就5个人平分。确定好经营模式后就是装修店铺了，为了更好地节约成本，他们自己装修店铺，切木条、做柜子、刷涂料、接电线、装电灯等通通都自己来。对于这种经营形式，同学们也是非常欢迎的，小小的一家店铺商品种类繁多，从文具到化妆品再到男生的游戏点卡可谓是应有尽有，很快他们5人便通过这家店赚到了自己日常生活的费用。图3-17为现在市场上格子铺的图片。

图3-17　格子铺实景图

学生电影票

随着格子铺成功的运作,他们并没有停歇,而是考虑起了其他门道。2008年的电影票还是比较贵的,也不存在现在网上的团购电影票,而大学生囊中羞涩却又对去影院看时髦大片非常热衷,于是他们想着怎么才能降低学生看电影的费用。他就想到既然已经注册了正规的公司,就试着找到上海五角场(上海财经大学、复旦大学、同济大学都靠近上海的五角场商圈)的万达影业签订代理协议,推出了一种叫作"学生票"的电影票,在周曜他们签订协议之前至少在五角场万达这里还没有"学生票"这概念,他们与万达协商的成本价在18元左右,而当时市场上一张普通票价在50—60元。拿到了类似于一级代理商的价格后就是要去销售这些"学生票"了,比如他们把电影票售票价定在21元,那么离周曜他们进货的18元存在3元的利润,再分给代售点1.5元,这样他们的利润率就是8%,代售点一般是学校内或周边的书报亭,有了代售点他们可以免去自己售票的繁琐。

这一项目搞得轰轰烈烈,但最后周曜他们一核账发现这项目虽然看上去一切都进展得很热闹,可不容易赚钱,一是因为总量不那么大,相比去影院还是有不少同学直接在网上下载了看,总量上不去盈利就有限。二是因为单笔利润较低,为了降低自己售票的繁琐才交给的代售点,但代售点每笔1.5元的提成对于周曜他们来说是高了,但低了代售点还嫌麻烦不肯销售,所以在半年后这一项目就这样结束了。图3-18为当时的学生票。

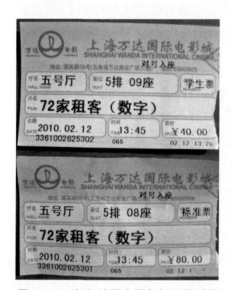

图3-18 折扣的学生票与标准票对照

初试淘宝

2009年上半年的时候,周曜团队的大三学长接触了一些淘宝方面的项目。因为他之前在格子铺里主要负责进货,所以他对小商品比较敏锐,就带领着周曜他们开始接触淘宝。当时淘宝的竞争环境并不像现在那么激烈,他们团队大约有三四个人都开了自己的店铺,他们一开始做了一种叫"搞笑证书"的产品,例如"好老公证"、"好老婆证"、"最佳男友证"等等。

2009年11月,他们的第一家C店开张了,又正巧遇上了圣诞节,他们第一个主抓的产品就是"搞笑证书"。它其实就是一本笔记本,加入了一些元素,比如封面上印着一些搞笑的字,背面有火烤验证、水泥验证等。笔记本的里面还隐藏了一些字,比如用打火机一烤,它的字才会显现出来或用水一抹字也会显现出来。加入了这些元素就会大幅增加产品附加值,本子原来的成本是五毛或一元,加入了这些元素后批发价可以达到六七元,零售价就有二十元。所以说"搞笑证书"这个产品利润、毛利还是比较可观的。最开始周曜他们先是从批发商处进货拿,后来因为这产品没有什么太大的技术门槛,所以他们想摆脱批发商的束缚,自己找厂家做这个产品再对外批发。经过与厂家的协商,最后证书做到一、两块钱的成本。他们对外批发和其他批发商一样六七块钱,零售也卖二十块钱。通过这第一个产品,第一个契机,他们店铺的信誉也跟着累计起来了。那个圣诞节他们每个人都赚了万把块钱。

由于他们前期没有什么启动资金,初期的投入都是自己的生活费,比如卖产品赚一百块钱,然后再拿这一百块钱去投入。淘宝上做推广要花钱,一开始他们在这个上面没有花钱。"搞笑证书"这个产品做出来了以后,大家都有了点积蓄,然后就开始扩充他们的产品线,又卖了万能清洁胶、骰子等家用产品。由于每个产品都有它的生命周期,他们就在这个周期中争取能卖更多的产品,渐渐地店铺就发展了起来。

图3-19　"搞笑证书"

毕业时两难的选择

2010年,大四的周曜面临着毕业实习、毕业论文。上海财大作为全国知名高校,校内的每个学生都会有着自己的金融梦,都希望能在金融机构从事金融方面的工作。如果选择继续开淘宝网店做生意,那接触的面就比较少一点;如果出去工作,接触到的人或事可能比你自己开网店要宽。就在他考虑是继续做淘宝还是出去工作时,他女朋友大四毕业来了上海,在公司做了大半年的景观设计。到周曜大四快毕业的时候,他做好了选择,想出去工作,想看看这世界是怎么样的,工作是怎么样的,因为财大出去还是有一个金融梦的。然后他就投简历找工作,进了中信证券做金融销售,把淘宝店交给了他女朋友打理。当时周曜出去工作,是比较看好金融,女朋友回来做电商,是因为同时也比较看好电商,因为他女朋友学的是环境设计,做电商店铺设计也算是对口。在金融公司做了1年后,周曜觉得自己看得差不多了,经过考虑,2011年选择回去和女朋友一起做电商。一是因为当时店铺正好处于一个飞速发展期,二是他个人也更喜欢自己当老板自由自在的感觉,体验过金融行业后也算是圆了金融梦。2011年时周曜和她女朋友各有一家淘宝C店,每家店每月净利润基本是万把块钱。

天欲降大任于斯人也,必苦其心智,饿其体肤

周曜最初是从2009年开始做的淘宝,相对于03、04、05早期进入淘宝的人来说,他是中期进入的,属于淘宝的成长期。当时淘宝上礼品卖得比较少,他们卖的礼品属于偏冷门的一项。关于产品策略他一直坚信,店主自己看好的或者自己喜欢的产品不一定卖

得好,但上游批发商走得好的货一定是市场比较火会卖得好的货。所以他经常去全国的各类批发市场看产品。对于自己店铺内的货他选择二成是自己认为好的产品,八成是市场上好卖的产品。对于淘宝的策略,主要是提高好评率和增加店铺的信用。

在周曜和他女朋友刚开始全身心投入做淘宝的时候,他们的店铺已经得到了一定的发展,当时全靠2个人自己做。当时遇到了一个母亲节,他们定那个母亲节的策略就是卖毛巾,不是那种花哨的毛巾,是家里用的普通毛巾。没想到这次的毛巾一下子就火了,他们当时租的房子在五楼,早上8点起来接单忙到晚上12点,然后就开始打包,经常一做就做到凌晨4点,两个人一天要发三四百个包裹。从咨询、接单、打单、打包、发货都得自己做,他们当时也蛮拼的,因为刚从学校出来,生意一忙起来也顾不了什么身体。每天三四百个包裹,这个进货量可想而知,货物的一些出入会给周围的居民造成一定的影响,并且货车不能进入小区,这样他们就得从小区门口拖着大包大包的货物进楼,然后再扛上5楼,八十多平米的房子,不仅要放各类货品,还得供他们两个自己住,当时的生存条件也是挺艰辛的。这之后,周曜便开始打算招聘新人,他们先从亲戚入手,请了两三个远房亲戚帮忙,待遇和市场价一样。

随着销量越来越好,他们之后就不停地搬家。一开始搬到一百五十平米的小别墅。然后又搬到一个三百多平米的大别墅。现在搬到两栋别墅,就一共差不多七百多平方的房子,历经了三次搬家。因为货物越来越多,货物的品种越来越多,如果公司正常发展,差不多一年要搬家一次,明年或后年要搬到一千两百平的房子。仓库是电商小商家普遍存在的问题和发展瓶颈,因为市场上没有物美价廉的仓库,仓库的费用又特别贵又不能住人。所以大多数小电商就集中在居民区一百多平方的房子,或者像他们一样租的别墅区里。因为做生意不免会外聘一些人员,会有些来访人员,所以总会影响到周边居民的一些日常生活,有的时候还会出现一些冲突。

从淘宝C店扩展到天猫店

周曜的淘宝C店一直顺利地发展着,2009年到2013年淘宝C店的势头很猛,流量也较大,他们的C店在同行里算是做得不错的。就在2013年的时候,他发现淘宝没有以前那么好做了,很多店家纷纷涌入天猫商城,淘宝对天猫商城会有一个扶持。例如,在天猫商城卖100元的礼品类商品,天猫就会抽掉五元,也就是5%,还有返回消费者0.5%的一个积分,就相当于他们卖100元的东西要付5.5元的平台费。每个类目平台抽的都不一样。天猫还有一个成本是技术服务费,分两部分,一部分是十万块钱,像押金一样一直押他那儿,是消费者的保证金。第二部分就是额外给的六万块钱的技术服务年费,如果年销售额做满十八万,平台会退还三万,如果年销售额做满三十六万,他就把年初交的六万技术服务费全部返还,但是在淘宝个人C店就没有这些费用。天猫这个平台既然要收费,就会有一个流量扶持,在用户搜索相关产品的时候,这些天猫店的排序都在前面,一旦在前面可能就会导致淘宝C店的流量下降,这样就会有很多卖家都选择去天猫商城,他们就占有了优势。

周曜发现这个情况后在2013年底注册了第一家公司,因为天猫讲的是品牌,必须是以公司化运作的店铺才更让顾客相信一点。比如说发票问题,能开发票的话,顾客的感觉就会更好些,会增加信任感。2014年他们的第一家天猫店开张了,他也就把重心放在天猫上了。因为他们主要是卖礼品,一到各种节日做各种应季性的产品就会很火,只要运营得当,销量就会很高,平时清淡一点排名掉下来一点没什么关系,下一波来了又打上去了。如果一年四季运营得当的话,节日一上升,平时一下降,节日一上升,平时一下降,就会保持一个稳定的波浪型。淘宝C店的流量下降,他们就用天猫的额外的流量给补上去,整体还是保持一个微增长的状态。在第一家天猫店尝到甜头后,周曜又想开设第二家天猫店。

2015年3月初有一个新的政策,一些新的品牌化产品可以进入天猫,而小品牌不能进入,要天猫平台邀请才能入驻,要有一些知名度,自荐后通过审批才能进驻天猫,也就是说设了更高的进入门槛。2月底出的这个公告,3月8号就停止申请,周曜在3月5号抢注了一家,因为他觉得将来的主战场将转移到天猫,一家天猫的量是不够的(他的2个朋友都同时拥有五家天猫店),第二家天猫用的是另外一个品牌,两个品牌都是做礼品的。现在天猫的量在他们的主营项目中占80%,淘宝C店占20%,淘宝流量处于逐渐下降的趋势。

图3-20 左图为天猫吉祥物,右图为淘宝吉祥物

不赚钱的引流款是为了"勾引"客户

周曜店铺内小礼品的单价比较低,所以销量对于他们来说非常重要。为此他制定了九块九包邮"引流款"的策略,他将店里有些卖得好的产品价格设置得相对较低,九块九包邮可能不赚钱,但客户经过对比会发现这是一个非常合算的产品,于是它的销量就会特别高,搜索排序就会特别靠前,客户就会通过点击这些产品进入到店铺,看看顺带着再买点店铺内其他一些产品,这个"引流款"产品不赚钱,但其他产品赚钱。所以它就成了一个引导客流的作用。

还有就是卖小礼品,卖一个不赚钱,但卖五十个、一百个,就很赚钱。比如说海尔公司也是周曜的客户,海尔线上线下都会做一些活动,需要一些大量定制的小礼品,会要很多单款产品。通过平时零卖的顾客积累人气,搜索排序才会得到提升,提升之后在整个市场的搜索排

图3-21 流量需求漫画

序就会靠前,一些公司客户搜索的时候就能搜到你。其实就是通过这些零卖客户的不赚钱,把人气堆积起来以后,公司客户搜到你,他们的一些大生意,就会找到你。批发这种小的不赚钱的产品把人气积累起来后,这些要的多的、批发性的或大的客户就会来找你了。

如何应对淘宝上刺刀见红的竞争

周曜卖的类目是小礼品,原来是偏冷门的一项,但是在整个电商发展起来以后,一些偏冷门的商品就变热门了,一些卖家涌进来,就相当于把这个行业都填充了。在这样的情况下,周曜他们是如何应对的呢?

第一,做一些与产品相关的关键词,靠关键词买家才能搜索到他们。

第二,做橱窗推荐,能在搜索排序中优先展示,而优先展示就意味着会更优先被选择到。

第三,做好营销工具"淘宝客"的推广。

第四,做好免费的直通车推广,也可以是付费推广。

第五,做好关联销售,例如一些引流款,有些产品不赚钱,就要用它低廉的价格引来客流,客户在买这个产品的时候会有店里其他商品也可能便宜的想法,就会一起多买一些东西。

第六,做好产品开发,做什么产品不仅是靠自己的主观意志决定的,也是跟随市场来做的,在不涉及产品侵权的过程中,如果是一个好的产品,那就是市场热点产品。有一个好的平台,加上一个好的产品,再加上一个好的运营推广,那就是一个好的项目。

第七,需要一个比较专业的美工,淘宝也好,天猫也罢,在网上买产品追根究底卖的就是图片。如今的美工市场价基本都在5 000元到7 000元一个月。因为图片营销除了美感,还有视觉的营销,这一点就是除了要把图片做漂亮,把实物真实地展现出来,还要通过一些手法,提升顾客的购买欲望。

图3-22　淘宝店铺经营图漫画

找到最适合自己的推广方式

在推广方面,周曜基本上用的是"直通车"①,它是一个典型的推广工具。以一家普通的天猫店来说,直通车的节日费用会高一些,在1.5万元左右,在没有节日的情况下,费用在6 000元到10 000元左右。但是在反馈、聚划算等一些活动中他们没有用直通车,这与他们自身的需求有关。一个原因是它的成本费用比较高,还有就是需要根据活动、自身的能力以及货源来作判断。很有可能出现花了十万元做了广告,接了八千单而货却发不出来的情况。一旦货发不出来就会有很多问题,如客户的投诉、淘宝的介入处理等,会给整个店铺的售后带来很多问题。

周曜的2家天猫店,2家淘宝C店百分之七八十都采取了一个商场趋势的策略,如果自己去创造一个或新开发一个成本就会很高,风险也就相对比较大。他们做批发商走比较好的货,批发商走得好意味着市场有这个需求,这样他们就能卖得更好。

名词解释:

① 直通车,是为淘宝卖家量身定制的,按点击付费的效果营销工具,实现宝贝的精准推广。用如何开网店的小编一席话总结,淘宝直通车推广,在给宝贝带来曝光量的同时,精准的搜索匹配也给宝贝带来了精准的潜在买家。淘宝直通车推广,用一个点击,让买家进入你的店铺,产生一次甚至多次的店铺内跳转流量,这种以点带面的关联效应可以降低整体推广的成本和提高全店的关联营销效果。同时,淘宝直通车还给用户提供了淘宝首页热卖单品活动和各个频道的热卖单品活动以及不定期的淘宝各类资源整合的直通车用户专享活动。

给在校生的建议

周曜建议那些想要在淘宝平台上初创业的学生们做淘宝店最好具有一定的特色,并且要了解基本的运营策略,不能一上来就急着投钱急着进货。还有就是要考虑清楚一家店铺里有多少是要去做市场主流的,又有多少是要去做自己有产品特色的东西。对于大部分情况,天猫店更容易起来,这是基于消费者对这个平台的信任,而淘宝平台更适合开一些小店,花同样的力气,在天猫可以做到60分,在淘宝就能做到90分,因为天猫更多的是要一些公司化的产品,这就对前期的门槛要求很高,当然,对后期提升的高度也会更高些。

周曜切身感受到淘宝对他们的贡献是越来越小,所以他们的精力就更侧重于天猫了。而公司注册其实也不需要一个特别大的费用,在1 000元到2 000元左右。创业后的主要费用还是集中在仓储和网络的推广上。

对于在校生,他觉得有空还是得去多多学习,通过一些课程就会知道淘宝、天猫平台的运营规则。如果这些都不了解,那么店铺根本没法正常运营,而且淘宝以及天猫的规则会经常更新,就更有必要去学习了。可是光学习这些不实践肯定也是行不通的,实际开店一定会面对更细致、更具体化的东西。所以在真正创业开设自己网店前,可以先去其他网店挂职锻炼一下。

💬 **案例讨论**

1. 周曜和同学租下学校店铺后为何要改造成格子铺? 如果是你承租下学校的店铺,你打算卖点什么呢？

2. 为什么热热闹闹的学生电影票项目没有赚到钱呢？

3. 结合案例讲讲周曜和他同学如何通过"搞笑证书"赚到第一份钱的？如果当时他们碰到的第一个节日是中国的传统节日，诸如端午节、元宵节，那"搞笑证书"适合在这个节日推吗？

4. 为什么说周曜毕业时面临两难选择？你对他的做法是如何评价的，并说出理由？如果是你，你会如何选择呢？

5. 请尝试分析周曜辞职全职做淘宝店家后遇到的第一个节日——母亲节，为什么他选择了毛巾作为主打产品？

6. 请结合案例分析，为何周曜店铺越做越大，房子越搬越大，但还是在居民区，而不把办公地点搬到商务楼，将货物放到仓库呢？

7. 以礼品店为例，天猫店每年的缴费要比淘宝C店贵多少？在这种情况下周曜为何要加大对天猫店的投入？

8. 什么是"引流款"？

9. 面对白热化竞争的淘宝，周曜给出了哪些意见？

10. 周曜给了在校生哪些意见？

案例四　机会总是留给敢于尝试的人

 案例简介

陶醉在大一暑假的实习中知道了SEO，在深入学习后制作出了红牛导购这个可以支持他日常开支的网站。在大二的暑假实习中了解了跨国电商的陶醉在回校后依然想要尝试，但这次的尝试让他亏损不小，所幸的是，他在这次的尝试中找到了自己想要发展的道路。工作后，为了能有更好的发展空间，他在"喜马拉雅"获得融资后放弃了令外界羡慕的工作，离开了公司，与当时在网上结识的朋友一起创业。

而正当生意做得热火朝天时，创业的伙伴因为面临着毕业论文等压力需要暂时离开团队，孤军奋战的陶醉一人无法完成那么多订单，于是他想出了将竞争对手变成生意伙伴的办法，一边做代理一边"练武功"，等创业伙伴毕业和他"大功告成"之后再从互联网的搜索引擎优化转战应用市场中的优化！

案例故事

学费贵不贵，要看学到了什么

2010年暑假，正上大一的陶醉到一家网络公司去实习，在公司内担任网络编辑一职，归属在当时的一个SEO①部门之下，平时整理一些网络文章。那时候陶醉看到老板有五六个网站，这些网站每天流量都达到几十万，当时就觉得很好奇老板是怎么样做到的。但是在实习期间，公司每天都只是让陶醉写文章，这让他感觉对自我的提升不大。公司附近消费不低，一顿饭就要二三十元，加上每天来回的交通费，对于陶醉这个大学生来说，既不能学到东西又不能赚到什么钱，于是一个月后，陶醉离开了公司。当他在网上搜索SEO这个词的时候发现了一个 YY 语音②上的培训班,它的排名一直很靠前,陶醉心想既然能把自己的关键字做到网络排名靠前,这个培训班应该是有技术含量的。于是陶醉又在网络上了解了一下这个培训班的老师,大家都说这课程是有实际作用的,这些学生学完都能自己制作网站,并且访问量都不低。于是陶醉就报名参加了这个培训班,学费为一千二百元,正巧之前一个月的实习工资也在一千二百元左右。SEO 是搜索引擎优化,就是说把一个关键词给你在搜索引擎中优化排名到其他网站的前面去。他从搭建服务器开始学习,再到网页设计、购买域名,网站上线、推广工作以及 SEO 等等。

在经过培训之后陶醉便自己着手创建网站了,一开始做的网站都很基础,设计的页面也很一般,但是他依旧为能制作出属于自己的网站而高兴。

名词解释:

① SEO: SEO 是英文 Search Engine Optimization 的缩写,中文意译为"搜索引擎优化"。SEO 是指通过对网站进行站内优化与修复(网站 Web 结构调整、网站内容建设、网站代码优化和编码等)和站外优化,从而提高网站的网站关键词排名以及公司产品的曝光度。通过搜索引擎查找信息是当今网民们寻找网上信息和资源的主要手段。而 SEM,搜索引擎营销,就是根据用户使用搜索引擎的方式,利用用户检索信息的机会尽可能将营销信息传递给目标用户。在目前企业网站营销中,SOM (SEO + SEM)模式越来越显重要。

② YY 语音: YY 语音是欢聚时代旗下的一款通信软件,最早用于魔兽玩家的团队语音指挥通话,逐渐吸引了部分传奇私服用户,最后发展为穿越火线游戏用户必备的团队语音工具。2009 年初 YY 娱乐用户已经形成了可以和游戏用户抗衡的用户群,YY 语音的娱乐公会开始逐步超越游戏公会,人气也日渐增长。时至今日,YY 语音已经成为集合团队语音、好友聊天、视频功能、频道 K 歌、视频直播、YY 群聊天、应用游戏、在线影视等功能为一体的综合型即时通信软件。

由于 YY 语音的高清晰、操作方便等特点,已吸引越来越多的教育行业入驻 YY,开展网络教育平台,比较著名的有外语教学频道、平面设计教学频道、心理学教育频道等等!

图 3 - 23　YY 语音网站

初试牛刀的红牛导购网

2010 年底陶醉开始做自己第一个产品型网站——"红牛导购网","红牛导购网"是一个导购型网站类似于现在的淘宝客③,当时陶醉到淘宝的广告联盟里去寻找品类返点最高的商品类目,如化妆品、减肥药以及女装,返点基本都在 20％—30％ 左右,然后就把这些类目放在他的网站上。换句话来说陶醉做的网站就像一个中转型网站,如果用户在红牛导购网站看中某样产品点击购买,页面就会直接跳到相应的淘宝店铺,相当于是一个流量中转站,他通过 SEO 获得流量然后再把这个流量转给相应的淘宝店铺,那么这些淘宝店铺就会给他提成,因为是他给这些店铺带去了用户和销量。这个网站的流量算是比较多的,每天都有三千多人访问,一个月有一二千元的收入,而当时一个普通大学生的吃喝开销月消费在 800 元左右。这一操作在当年还是挺流行的,因为那时很多人还是会在百度里去搜索他们想要购买的商品,接着就有了导购网站的出现,点进去之后便会跳到淘宝,而且最终还是在淘宝支付,所以他们并不会感觉是在假网站购买。

但随着时间的推移,做这行的人越来越多,有的甚至直接以公司的形式来做,导致竞争特别大,陶醉创立的网站利润也越来越低,所以到后来这个导购网也就行不通了。

名词解释:

③ 淘宝客:淘宝客目前是阿里妈妈旗下产品,是一种按成交计费的推广模式,淘宝客只要从淘宝客推广专区获取商品代码,任何买家(包括您自己)经过您的推广(链接、个人网站,博客或者社区发的帖子)进入淘宝卖家店铺完成购买后,就可得到由卖家支付的丰厚佣金。

淘宝客的推广主要可以分成如下两大类:

(1) 拥有独立平台的专业淘宝客:这类淘宝客精通网站技术,搭建专业的平台,如淘宝客返利网站(优秀淘宝站内 APP:开心赚宝,惠集网,返利,QQ 等)、独立博客、商品导购平台、用户分享网来吸引客户,赚取一定的佣金。

(2) 自由的淘宝客:这类淘宝客没有固定的推广方式,不管技术还是实力都不是很雄厚,主要以论坛、博客、SNS 平台,或者微博、邮件、Q 群等作为推广方式,很适合大众新手。

图 3-24 淘宝客平台

那么多想象不到的困难

白驹过隙，转眼间到了2011年大二的暑假，这时陶醉已经试着做了五六个网站了，这些或成功或失败的网站对于他来说每一次都是成长。暑假期间陶醉再次选择去公司实习，当时他觉得做中文推广有一定的基础了，所以想了解一下国外是如何做的，于是他选择了外贸方向推广的实习，这家外贸公司是把国内生产的一些商品卖到美国、澳大利亚、欧洲等地区，在公司陶醉主要做的是纯英语Google的SEO。比如在国内嘉兴产的一个类似UGG品牌的女鞋，质量也挺好但不是澳洲那边的正品，公司是以三五百美元卖出去的，快递费在一百元人民币左右，在这中间可以赚四五倍的利润。陶醉当时实习工资有三千元，工作一个月后觉得利润挺大的，其中的技术自己都会，就想回学校自己做。

回到学校以后，因为学校晚上固定10：30断电、断网，而我们的晚上就是欧美国家白天上班的时间，这里存在一个时差，于是他就想办法搬出学校，在学校对面租了房子。刚开始陶醉认为做外贸方面的内容主要就是语言的问题，可以用谷歌翻译或其他翻译软件搞定，但后来慢慢发现，外贸它用的并不是纯英文，中间还带有德文、法文甚至一些软件无法翻译的小语种，别人发来一封邮件或在网站下提问，陶醉甚至不知道别人用的是什么语种。除了语言不畅外，还有就是技术上的问题，因为网站访问的用户都是国外的，所以陶醉自己的服务器就得通过代理放在美国、香港这些地方，而我国要访问外国网站需要"翻墙"，所以他在国内租借的房子中访问和维护放在国外的网站服务时就会网络不畅，网站维护和管理起来也就存在着很多的困难。后来因为网站做的系统越来越复杂，一个人实在是支撑不了整个网站的维护。这次的尝试是亏了不少的，除了一下交的三个月的房租，还有网站的域名、服务器租赁等投资都打了水漂。几番波折后，陶醉在外贸这方面也就没有再继续做下去，他又重新将全部的重心放在国内的淘宝客，努力地尝试着把这方面的业绩再扩大一些。

沟通技巧对于一名技术宅的重要性

充实而有意义的大二暑假过去了，陶醉当时是专科，所以大三上了两个多月的课程后就要去实习了。他的第一份工作做的就是SEO，他刚去公司的时候公司没有人做SEO这块业务，也没人负责这块，所以领导就直接让陶醉负责了。很快该业务就有了起色，于是领导又安排了其他人和他一起做，这样一来就相当于他担任SEO项目的主管了。

随着公司业务的发展，陶醉带领的SEO项目组需要与其他部门合作，因为在公司工作和自己做网站不一样，产品、网站的设计需要各个部门的协调，SEO的优化不再是自己想改网站哪里就能改的了，而是要跟技术与产品部门去协调，因为你的一个改动也会增加其他部门成倍或者好几倍改动的工作量。这个过程是有难度的，因为在技术上陶醉的学习能力很强，但在与人沟通，特别是公司内不同部门之间的沟通方面，对于初涉职场的他来说真的是特别大的考验。除了需要知道如何在公司里去协同其他部门开展业务，如何与自己部门伙伴们配合，还要想办法去说服其他部门的人。当时因为陶醉对于公司内部人际交往还不是很擅长，需要其他部门配合的时候其他部门嫌太麻烦不肯配合，讲道理又讲不通，只能想办法去迂回处理。虽然这样比较浪费时间，但是这段时间的工作着实锻炼了陶醉人际之间的沟通与协调能力。

从"喜马拉雅"初创团队的退出

陶醉的第一份工作做了一年多以后，他所负责的那个项目关掉了，又上了一个新项目，这个新项目叫做"喜马拉雅"①，是手机上的一个APP，用户可以在这个APP上听音乐、听相声、听故事以及广播电台等，它是一个和声音相关的声音库，无论什么样的声音节目它都有。陶醉就负责这个项目的 SEO 优化工作，它包括网站和移动端这两块，移动端还包含着安卓和苹果这两个端。

由于陶醉原先是做搜索优化的，而那时的移动端发展得非常快，在他们公司内部，原先网站优化的权重非常高，但后来就调成了普通级别，这个级别的权重调低了，所以陶醉就开始做移动端的优化，移动端上了之后公司壮大得非常迅速，随后便招了很多新人。本来他可以天天与老板一同讨论问题，但后来员工扩大了，有了一百多个人，有时候可能几天都见不了老板一次，除非有重要的事才能再去找老板。他感觉公司扩大业务越来越多，而他负责的这个业务却越来越渺小。原来陶醉在公司内薪资一个月会调整一次，但后来半年都不调一次，他负责的这个业务在公司战略层来说重要性越来越低了。

移动互联网发展的速度十分惊人，在 2013 年 5 月的时候，"喜马拉雅"这个项目已经拿到了一千二百万元的融资，当时国内拿到千万级融资的公司也并没有很多。陶醉是优化总监，如果他跳槽的话工资翻倍也是很有可能的，他所掌握的这些技能、行业是一个新行业，毕竟 2013 年的时候做这个方面推广的人为数不多。但陶醉考虑到如果跳槽去了一个新的环境，又要和新同事新部门磨合，他本人比较内向是个技术宅，也不太喜欢与人处关系，可在公司里这又是避免不了的。所以他就想自己动手试试，于是 2013 年 10 月，陶醉选择辞职与朋友一起创业。

名词解释：

④ 喜马拉雅：喜马拉雅 FM 是国内音频分享平台，2013 年 3 月手机客户端上线，两年多时间手机用户规模已突破 2 亿，成为国内发展最快、规模最大的在线移动音频分享平台。2014 年内完成了 2 轮高额融资，为进一步领跑中国音频领域奠定了雄厚的资金实力。截至 2015 年 12 月，喜马拉雅 FM 音频总量已超过 1500 万条，单日累计播放次超过 5000 万次。

图 3－25　喜马拉雅网站

用拖拉机来耕地事半功倍

其实在陶醉还没有离职的时候，已经利用业余时间开发了一些优化的工具，优化工具就好比以前农民是用人力来耕地的，有了优化工具后就相当于制造了一个半自动的拖拉机，用拖拉机来耕地事半功倍。陶醉当时做的关键词是"安卓营销"、"安卓推广"，他通过优化把关键词排名排到百度前面去，这样就有人去找他了。很快，陶醉就开始有利润了，等利润上来了也就是2013年底的时候他觉得可以试试自己干了，于是他就在那个时候辞职了。他的合作伙伴是一名上海大学的研究生，当时这名合作伙伴还在上学，是之前陶醉做网站的时候在一个技术论坛认识的。

对于计算机软件方面创业来说，前期的投资是比较小的，一台计算机、一根网线就够了，做网站的服务器都是向外租借的，这样既解决了服务器带宽和稳定性的问题，用户也能清晰看到服务器与软件两部分的价格，初始服务器几百元就够了，这些都是他们自己能承担的，也不需要其他的投资。因为合作伙伴技术很强，还在读书没有进入社会，对整个市场需求也把握不了，所以他就负责技术。陶醉主要负责市场需求和商业模式分析，或是找客户、定价等，接到单子利润就对半分。

刚开始他们考虑到自己的业务形式没有注册公司的必要性，所以就先开了个淘宝店，在定价方面陶醉他们刚开始都是自己参考同业的，如果别人网上报价六千，他们的报价就是四千，当时的策略就是先把量做上去，做出口碑。付款上，一般客户先付总额百分之三十的款，然后他们就开始做，而对于他们来说的成本就是服务器的成本，剩余都是赚的。当时他们俩没有给自己开工资，有利润的情况下就对半分掉。

做不完的就分给竞争对手做

随着业务的发展，到了14年的上半年，他们设定的一些关键词比如"安卓推广"、"ASO优化"这种在百度和淘宝上都做得非常靠前，所以每天都有客户找到他们做优化，而此时合作的伙伴正好在写硕士毕业论文，没时间共同来完成这些订单，陶醉一个人又做不了那么多，如果拒绝客户那就要面对大量客户的流失，不拒绝又做不完，怎么办呢？这时陶醉想到了一个新的运作方式，他在淘宝上搜索与他业务相同的关键字，选择其中销量最高的一家店，考虑到销量最高的店是优化源头的可能性较大，所以他就与店主联系，跟店主商量，比如说，一个月给你带来10—20个客户，那么你能给出什么价格，你要给出的价格不合适的话我就跟别人合作了，为了20个客户店主一般会给陶醉市场价一半的价格。这样一来陶醉就相当于变成了一个代理，一旦百度上有人找他合作他就统统接下来，再拿去给淘宝上合作的那个店主，这样一般可以赚到这单的50%左右。

至于为什么淘宝上那么多做SEO的，客户会选择陶醉店比较多呢？那是因为以下几点，第一，当时他在淘宝店的排名挺高的，一般保持在前三名。第二，主要是价格的原因，淘宝上有些竞争对手是通过公司去做的，他要招员工、租房子，成本比较高，定价就高。而对陶醉来说只要不是太低那么他都接，客户只要跟他合作了一般就不再换了。第三，就是其他店铺的客服做得不好，而陶醉会通过电话跟客户聊，要如何提升排名、各种提升方式的优缺点、需要多久、会通过哪些方式来做，掰碎揉细了给客户介绍，这样比在旺旺上给别人讲解会清楚很多，这也归功于他之前在公司上班的时候跟各个部门打交道的经历，历练过自然就会比较有优势一点。

做竞争对手的代理,腾出时间"练武功"

陶醉做代理期间,有客户来了就谈客户,谈好了就交给竞争对手去做,所以空余时间比较多,他就在那段时间里学习网站开发技术,就这样他与竞争对手合作了半年多,到了14年下半年他自己也能开发一些比较高级的网站功能了,同时又开发了一些前文提到的提高效率的功能性软件,因为一个网站有很多的关键词,这个关键词最少也是上千个的量,每天需要观察它的排名变化、它的权重、它的收入指数,这个变量有很多。刚开始都是人工一个个地去分析,用 Excel 表格去分析,后来词太多几千个的时候人工已经没有办法去完成了,就需要利用程序去分析,来提升工作效率,当然提升效率的同时也就更有把握能把那个词做上来。掌握这个技术后大大节省了陶醉花费在技术上的时间,对后期大量接单起到了较大的作用。

练成"绝技",重出江湖

到了14年下半年陶醉的技术提升后又开展了其他的业务,由于当时整个移动推广量特别大,有"安卓市场"、"百度市场"、"360市场"、"豌豆荚"、"QQ应用宝"等等应用市场,这些渠道也有大小之分,比重较大的都已经被其他专业公司开发掉了,还有一些小渠道没有人去做,于是陶醉用掌握的这些技术把这些冷门渠道做了出来,诸如"91安卓"这种总共有20来个小的应用市场,并且对这些小渠道进行了推广,算是一个全新的业务。这个时候陶醉大部分业务都是基于移动端的了,推广的都是 APP。

这些应用市场都有一套相对固定的算法,一般有几十个指标,哪个满足得多哪个就在前,相当于一个 APP 的好评、下载数量、每天使用的人数、活跃度等,然后通过这几十个指标去判断哪些产品得分高排在前,这些算法是不公开的,因为公开以后就会乱了这些应用市场的规则,所以规则都是保密的。陶醉是通过实验,通过很多的单词组合试验出来的,慢慢地就掌握了大概的算法逻辑。这个工作量是超级大的,要通过一个个不停的实验来做这个事情,而在他开发出第二版提高效率的软件后实验就省力很多。对于指标是否有效,就是直接观察它的排名,它的反应速度很快的,如果第二天上升了那他们操作的指标肯定是有效的,如果一点没变的话,那这个指标就是有问题的,就换一个指标去测试,优化这个过程主要是测试,通过大量的测试掌握主要的指标。

另外的那些大渠道他没有去研究,仍然是采用代理的形式,因为那些平台别人已经研究出来了,再研究也不一定比别人做得好,还废时间,所以陶醉还是选择与他们合作,他拿到的还是市场价的一半,有一定的价格优势。

通过与客户商谈,确定适合的价格

项目的收费标准还是参考那些主要渠道的收费情况,主渠道比如说一个星期五千元,那么小一点的市场就根据一半的价格跟客户谈,看他能够接受怎么样的,一般报价的时候会报得高一些,差不多三千多,让他还价的时候有这么一个余地,谈几个客户相对能够接受的价格,就持续地做下去。

计价单位可以说是"词",一个词多少钱,然后根据这个词的难度来定价,难度就是每天有多少人搜索它,难度每天都不一样。根据不同的词不同的难度,按照单个词来计费。比如说一个词每天都有二千个人来搜索,那差不多它是三千块钱一个星期。另外一个词每天都有一千个人搜索,那价格可能是一千块钱一个星期。差不多都是以一星期起做的,因为一两天的话就没有什么效果。

诸如,有客户要求一款英语背单词软件要在某个渠道里去推广,那客户可以选五六个关键词,那么陶醉会通过百度来查一下每天都有多少人搜索这个词,然后预估一下费用,再综合性地谈一下每个词多少钱,总共合算下来是多少,最后再跟客户设定一个方案,然后就可以实施了。

安卓市场之前做得太过激烈,比如"豌豆荚"这个市场,用户搜"淘宝",那么某个优化商可能把"美丽说"做到第一位去,这样用户搜的东西不是他想要的,也就是说优化的程度过分了,这个时候市场方就会打压这种过度优化的行为。现在安卓的大应用市场已经在控制管理优化这块了,此外另一个非常关键的点是它自身的利益,因为国内的应用市场并不是完全按照搜索法则去排序的,它是按人工去排序的,比如说你想推广英语词典,那你投给他一个广告费用,就会把你放在一个指定的位置,只要钱出得多,你想放在哪里都可以。所以这些应用市场就开始打压陶醉这些优化者,因为优化者跟市场方有着利益的竞争关系,所以应用市场的优化也是越来越难做。

公司目前规模及发展规划

随着业务的扩展,越来越多的公司型客户需要开发票来抵扣税,所以陶醉就注册了公司方便走账。目前公司主要成员一共三个人,除了陶醉,还有一个是原先上海大学硕士的那个合作伙伴,他们两人主要负责公司的IT技术和引擎算法的研究;还有一个是客服;再就是四五个兼职的推广,兼职推广主要负责编辑陶醉自己公司的网站内容、去其他网站宣传、去论坛发帖,都是需要花时间但是技术含量不高的工作。

公司较大的开销就是服务器,原先一共租赁十余台服务器,租的一个比较专业的服务器,因为他们自己做搜索引擎算法分析,比如搜索引擎他有一千万的关键词,那差不多他们也要有一千万的关键词,然后根据这些关键词去模拟分析,整个数据量还是比较大的,需要的带宽也比较大,现在差不多十台服务器用的是阿里云,相对于传统的来说便宜不少,总的来说十多万还是要的。

而提成的话就要看项目了,因为陶醉他们有几个渠道,去掉销售的费用,再去掉他们服务器的费用,剩余的净利润谁研发出来的就拿六成,另外的人则拿四成。目前的年销售额在三百多万元左右,再去掉里面的硬件服务器费用以及代理费,除此之外还有客服做销售的提成,剩下的利润是直接对半分,没有规范化地走公司账。2015年的净利润在一两百万元左右,2016年净利润在两百万元左右。

保持自身的前瞻性和对在校生的建议

互联网是一个更迭性非常快的行业,陶醉对自己有一个任务,多去看看竞争对手,多去看看目前的广告投放。就是说看看淘宝上的广告投放,看看竞争对手的业务,他们做了哪几块内容,然后通过淘宝上的销售量就知道这种业务一个月有几万的流水,有的可能有几十万的流水,那就说明这种东西用户需求量大,那么我们如果没有的话就尽快去研究,研究不出来就和别人合作。另外一种就是每天有许多顾客过来询问有没有这种或那种业务,客户是主动找来的,在这个过程中他们就不断收集用户的需求。比如说几个用户同时都有某一种需求,说明这种需求占的比重比较大,他们就专门去研究,研究出来后制定成一个销售方案,然后再去找这些客户合作。虽然他们比不上那些大公司可以站在技术的尖端,可以去引导技术的潮流,但他们是从客户这里首先获得需求,再去研究如何解决这些需求,响应速度更快。

关于在校生如何更好地接触社会提高自身能力，陶醉觉得要去看看招聘网站，看看人家某个职位需要哪些技能，其实招聘网站写得很清楚，如果你对哪个职位有意向，你就去看看需要哪个技能，去看看这个技能有没有培训班，再去了解一下，这是跟社会接轨的一个方式。

 案例点评

该项目最大的亮点便在于主人公陶醉在学习和工作后不断地学习新技术和尝试不同类型的商业模式，并将这种新技术结合商业模式应用到实际的项目中去。"红牛导购网"正是 SEO 这种新技术与当时尚未普及的淘宝客、淘宝购物平台的一种商业模式的结合。2011 年的"跨境电商"也可谓是一种大胆的尝试，由于一些外部因素导致无法继续运作非常可惜。

陶醉还独自开发了一些 SEO 优化工具、应用商城测试和优化工具，大大缩短了优化测试的时间和运作的过程，这也是他对于技术不断追求突破的结果。此外他还大胆地尝试做竞争对手的代理商，将接到的来不及做的项目分给竞争对手，以此来赚取差价和学习更新的技术的时间。

案例讨论

1. 你觉得陶醉为什么敢在大一时就花一千两百多元的学费去上一个 YY 上的课呢？

2. 请结合案例，阐述"红牛导购网"的运作机制与盈利模式。

3. 请结合案例讲讲，为什么陶醉在 2011 年大二的暑假开始做的"跨境电商"会亏损严重呢？

4. 能否试着分析一下，为何陶醉会在 2013 年公司刚获得融资后既没有继续留在公司也没有跳槽到同类公司（如果他跳槽到同类公司的话待遇会翻倍），而是选择离开，自主创业？如果是你，你会如何选择呢？

5. 陶醉是如何找到这位合作伙伴，两人的合作方式是怎样的呢？

6. 为什么陶醉淘宝店铺生意会比同类店铺好很多呢？当淘宝上的生意越来越好，但合作伙伴却要完成硕士毕业论文没有时间来做店里的事了，陶醉又是如何解决的呢？

7. 面对应用市场，为何陶醉选择开发了 20 多个小市场而不是多开发几个大市场呢？

8. 如果你是陶醉，公司的下一步该如何发展呢？

案例五 从大学兼职走到新媒体老板

 案例简介

大二时在日料店兼职网络推广使得李宜蓓踏上了自媒体之路，从招募兼职写手到自己成立工作室，再到大四正式注册公司，她一步步的发展与其背后付出的汗水是等价的。在与餐饮界大咖的合作中,她戒骄戒躁与公司同事一起想尽办法在不影响到该公司原有市场部运作的情况下与之合作,最终顺利地完成了这个并不怎么赚钱的项目,但凭借此项目她和她的公司不管是能力还是知名度都上了一个新台阶。为了更好地把握市场,了解客户和消费者心态,她还打造了学习型氛围的公司,让公司年轻人不仅在公司工作得愉快,还能学习到更多实用的知识。

案例故事

她是怎么做到还没毕业就月入五万的呢?

与其他大学生一样,李宜蓓喜欢上网,喜欢用微信、微博、QQ、论坛查看当下流行的信息。2010年大二时,她在网络上找到了在当时上海较为出名的日本料理店做兼职的机会,主要任务是负责在大众点评和新浪微博撰写店铺的广告短文。

2010年可以说是自媒体的萌芽期,并没有很多店铺在网上进行此类推广,也没有那么多的"撰写者"从事餐饮网络推广。李宜蓓是国际贸易专业的学生,对于网络推广等"软文"写作也并不了解,但她凭着对美食的热情、对这份兼职的责任,在网络上搜索其他各类介绍美食的文章、购买各地区美食类杂志来用以学习。

随着网络推广效应的扩大,这家日料店的知名度越来越高,与日料店老板相熟的其他餐饮店老板也找到李宜蓓,希望她能帮助他们在网上推广自己的餐厅。于是她在大二的下半学期同时接到了六七个店铺的生意,每个店铺都得根据自身的特色菜来制定不同的推广方案,这使得她每天早上六点就起床,除了上课以外都要忙到凌晨一二点,寝室熄灯断电后她就靠笔记本和应急灯来写文案,除了吃饭没有任何的娱乐活动。当时作为学生的她,除了本身的学业外还要完成那么多的文案,实在是超出了她的极限,于是她招募了第一批写手,这些写手基本都是她的朋友、高中和大学同学,她负责制定整个推广文案的结构,再由写手具体成文,最后她再来整体统稿。当时她每家店的月收入是三四千元,写手写一篇文案支付一二百元,总收入大约是每月一万五千元左右。

招募写手确实能帮她减轻一些工作量,但问题也是存在的,由于招募的写手大都是朋友或同学,所以这些写手的稳定性并不高,经常会面临要交稿了写手说由于学校或家里有事不能交稿的问题。到2012年大三下学期的时候,随着业务量的稳定,李宜蓓开了自己第一个实体工作室,招聘了自己第一个员工。这个实体工作室是朋友大办公室中一间废弃的杂物室,小得只能放下一张长桌,所以就借给李宜蓓用了,当时只是象征性地收了每月一千元的租金。就在这间杂物室里,李宜蓓与她的第一个正式员工没日没夜地一起完成了十几家餐饮公司的网络宣传。当时市场行情价是五千元一家,一个月除去杂七杂八的开销能净挣五万。

像公主般宠爱自己
像汉子般努力工作

我也可以

图3-26　李宜蓓努力工作卡通效果图

图3-27 李宜蓓日夜加班后个人形象漫画

2013年大四下半学期,李宜蓓正式注册了公司——上海橙蓓餐饮管理事务所,当时虽然已经有两名员工了,但还是跟不上发展的步伐,相应的问题也随之出现。之前与李宜蓓合作过的餐饮店老板都是彼此间介绍认识她的,所以会比较信任她,并不太会介意业务的流程、介绍业务时的表格或PPT做得是否美观,但随着承接客户的规模化和品牌化后,客户对她的演示和公司业务流程标准化的要求也越来越高,不再是原先只用写好文案、做好推广就行了,现在客户对她的要求是要像一家正规公司一样,有各种专业化的标准流程。这些是李宜蓓无法完成的,所以在这个时候她拓展了自己的公司,请了各类专业人员。

来来来,看看真实的网络推广是怎么做的

毕业后,李宜蓓开始帮品牌餐饮店做网络运营或者网络推广。这些餐厅都会有自己的公众号,而公众号就由李宜蓓公司来撰写,所有的摄影文案也都由他们来构思。因为现在已经不是酒香不怕巷子深的年代了,所有的餐厅都需要造势,除了自身宣传外还要借助其他平台的资源优势,所以公司还会帮餐厅找到相应的"网络大号"。现在年轻人包括爱玩手机的中老年人最喜欢的就是来自于自媒体传报的各种信息,这些但凡能被叫得上名字的自媒体、公众号背后少说也有三四十万的粉丝。比如上海美食攻略、上海美食圈、上海生活圈等。平时大家在朋友圈看到《上海最小资下午茶排行榜》、《性价比最高的自助餐》、《来自一百零八个粽子的对比》等这些文章都是类似于李宜蓓这类推广公司撰写的,推广公司通过"网络大号"将自己的文章发布出去,来吸引消费者提高自己代理餐饮店的人气。这些"网络大号"则收取相应的费用作为"转发"的广告费,这样双方都能得利。

简而言之就是餐饮店通过这些拥有巨大粉丝数的"网络大号"发布一些"软文"来吸引客户到店,而李宜蓓他们正是帮助这些餐厅撰写"软文"、为这些餐厅寻找"投放平台"、为"网络大号"提供发布内容及客户的一个中介,当然你也可以把它理解为"房产中介"。下图为上海美食微信公众号的排行榜。

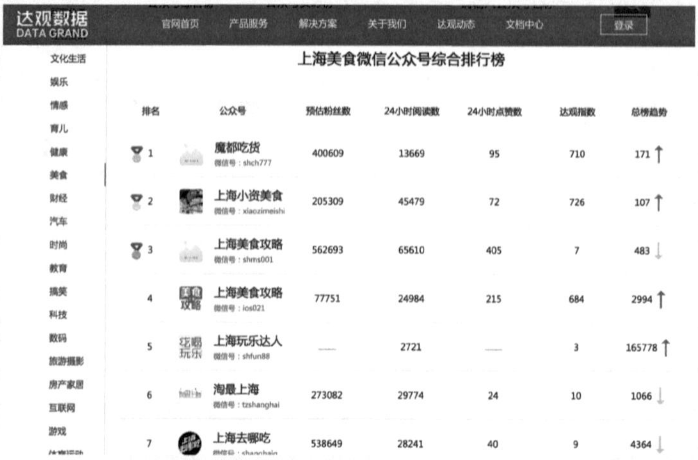

排名	公众号	预估粉丝数	24小时阅读数	24小时点赞数	达观指数	总榜趋势
1	魔都吃货 微信号: shch777	400609	13669	95	710	171 ↑
2	上海小资美食 微信号: xiaozimeishi	205309	45479	72	726	107 ↑
3	上海美食攻略 微信号: shms001	562693	65610	405	7	483 ↓
4	上海美食攻略 微信号: ios021	77751	24984	215	684	2994 ↑
5	上海玩乐达人 微信号: shfun88	——	2721	——	3	165778 ↑
6	淘最上海 微信号: tzshanghai	273082	29774	24	10	1066 ↓
7	上海去哪吃 微信号: shanghaip	538649	28241	40	4	4364 ↓

达观数据 DATA GRAND　官网首页　产品服务　解决方案　关于我们　达观动态　文档中心　登录

文化生活　娱乐　情感　育儿　健康　美食　财经　汽车　时尚　教育　搞美　科技　数码　旅游摄影　房产家居　互联网　游戏

上海美食微信公众号综合排行榜

图3-28 微信美食公众号排行榜

　　除此之外,对于餐厅的推广还涉及传统媒体,例如电视媒体、电台媒体、平面媒体,比如 TimeOut、That's Shanghai、橄榄餐厅杂志等等。这些稿件都由推广公司统一撰写发稿,媒体负责的是"发布"功能。

　　上海观众耳熟能详的"淘最上海"、"人气美食"两档电视媒体节目也做了不少年了,这样的节目也需要有人帮他们推荐些新餐厅、特色餐厅。在帮助电视媒体推荐的同时,李宜蓓也会帮助商家做详细的策划。例如会帮餐厅准备好这期采访中需要介绍的菜品,菜品以何种方式出,如何摆盘,这道菜或者这个餐厅有怎样的故事,挑选怎样的顾客发表怎样的用餐后评论会更吸引电视机前的观众,这都是李宜蓓这样的推广公司要做的事情。下图为"淘最上海"推荐的餐厅截图与海报。

图 3 - 29　淘最上海节目

目前,北、上、广一线城市的"顶级网络大号",发一条的费用是六到八万元,"普通网络大号"的最低费用在六千到一万。电视媒体差不多是三万元左右,电视媒体一般是二十四小时放四次,车站旁的电视柜、地铁里的电视也会播放。平面媒体的话要看是否媒体正好有相关方面的选题,如果有则无需费用,没有相关选题又特别想要上的话就需要额外购买版面,参考价是一张 A4 纸价格在两万左右。

李宜蓓公司做推广时是"分散投资"的,如果餐厅每个月有三万元的预算,那公司会帮餐厅发在多个媒体上,餐厅到店人数的绩效是按整体 KPI 预算的。

为餐饮大咖西贝莜面村做网络推广

"西贝莜面村"是全国餐饮业内运营得十分不错的一家餐厅,该公司一直有固定合作的广告公司,"西贝"老板熟悉的另一个品牌在李宜蓓公司的运作下花了较少的费用就获得较高的反响,于是他们经过再三考量,决定把整个网络推广单独拿出来作为一个项目交给李宜蓓公司来做。这对李宜蓓的公司来说不仅是个机遇,更是一个挑战。

初次与如此大规模公司合作的李宜蓓并没有急于构思推广策略或文案,她知道与之前自己一直做的中小餐饮店不同,大公司是一个整体运作的机构,就像人体一样,每个部门就像身体内不同的器官,有着自己运作的规则,而李宜蓓他们则像是一剂提神醒脑的"补充营养剂"。"补充营养剂"并不是主食更不是公司内部的部门,所以一定不能喧宾夺主。在定了这个方针后她便与"西贝"的市场部沟通,看市场部希望或需要他们做哪些事。因为与大公司的合作涉及的面非常广,有时候老板所期望的和部门实际能做出的有较大差异,而且她的出现对于"西贝"的市场部而言是个"外来者",甚至是"侵略者",她不能不顾公司本身在做的宣传自己完全另辟蹊径,这样会被排斥,较为恰当的还是配合好公司现有的活动,依靠现有的一些活动或资源再去做网络推广,这样既不得罪"西贝"的市场部,又可以借助市场部的力量完成此次网络推广,而且效果会比自己另辟蹊径来得好。

在与"西贝"的市场部沟通得知他们赞助了北京马拉松赛事后,她便考虑到现在有越来越多的年轻人关注健康加入晨跑、夜跑、每天走一万步的队伍中,但对于跑步中如何提高效果和对如何保护自身机体知道得较少,如果借助此次马拉松推送相关知识从而带出

图 3-30 方案讨论漫画

"西贝"的"软广告"可能会更受年轻人的喜好。于是李宜蓓立马召集了全公司的同事开会,3天通宵达旦地做出了六七十个关于北京马拉松赛前训练、饮食、赛后的拉伸以及如何表达出西贝"软广告"的项目框架,项目框架并不仅仅只是一个 idea,它还包括了大框架下具有哪几个子内容以及具体的实施方法。

"西贝"的效率很高,例如确定方案这个过程在别的餐饮公司或者营销公司需要一周的时间,但是"西贝"一天就能定下来。所以第二天下午"西贝"就通知他们这六七十个方案全部被否决。如果是其他餐饮公司,那么起码能有一周的时间来缓冲、来思索、来改方案,而"西贝"的速度快,李宜蓓就得更快地想出更改方案,所以她连伤心的时间都没有,当天晚上又是全员加班,全部推倒重来。就这样来来回回,李宜蓓和她的同事们度过了人生中目前为止工作时间最长的一周。基本的方案在一个星期内定了下来,接着就是奔赴北京拍摄、撰写不同平台不同版本的"西贝"和马拉松之间所有的故事,然后发布在全国北、上、广、深等地所有微信大号上,几乎是把这些地方所有的网络媒体全都覆盖了一遍。

这次的合作李宜蓓公司几乎是不盈利的,"西贝"给的价格仅比李宜蓓公司对媒体的采购费高出一丁点,但她仍觉得这是非常值得的,她觉得这种优质的客户可以提升自己公司的高度,与这些大品牌的合作都将是她公司将来的活广告。

逐步发展的学习型公司

时代在变,推广方式和渠道也都在变,永远不变的只有"变化"。在2010年的时代所有初创期的餐厅几乎都是靠平面媒体做宣传的;三年后所有餐厅又开始走微博宣传;这最近两年大家又都在走微信的渠道。渠道虽然不一样,但不变的是宣传内容本身。李宜蓓热爱自己所在的行业、热爱自己的员工,为她们创造尽可能单纯、舒适的工作环境。员工每天能碰到不同的客户、不同的老板、吃不同的东西、感受着各种新鲜事物,并且也都很爱她这位年轻的老板,爱这个行业。这样大家就都愿意花时间去钻研文案的写作方法,去发现更好的平台。

为了时刻保持对市场的敏锐度,李宜蓓自己微信关注了两百多个自媒体,基本每天都要看六七百篇文章。她朋友圈有两千人,大部分都是餐饮圈的,所有人发的文章或他们在关注哪些她也都会去关注,此外她还不定期地购买港澳台地区餐饮类杂志开拓自己的视野。

图 3 - 31　沉迷学习的表情包 1

在工作中她发现公司里刚毕业的学生对工作天然带着一种激情，但年轻的他们在与客户交流时沟通能力不强，经常无法精确领会客户的意图，需要将推广方案解释给客户听时又经常词不达意。同时，做的餐厅多了，随着原先新鲜感的退却，文案的创意性也逐渐减弱。为此，公司也会经常请各方面的老师来给员工培训，有用餐礼仪、餐具知识、创意文案、消费者心理和文案分享会等。

图 3-32　沉迷学习表情包 2

随着公司不断地发展，2015 年底，公司一共有 12 名员工，全部是一线的采访和文案撰写者。由于公司主要做的是吸引年轻消费群体的餐饮类推广，所以招聘的员工大都是时尚嗅觉敏锐的刚毕业的大学生，对于签订人事合同、缴纳三金等事宜李宜蓓用的是人事外包，合同和琐碎的杂事都由人事代理公司处理，这样就节省了她很多的时间和精力。同时，由于公司的经营性质，主要费用在于员工的工资、媒体采购费用和房租上，所以这块相对简单的财务工作也外包给了代理记账的公司。

截至 2016 年底，公司年营业额大约在五百万左右，刨去所有开销，净利润一百多万。公司就李宜蓓一个老板，没有其他股东，所以也不存在复杂的分红之类。基本上员工成本占到营业收入的三分之一不到，一百五十万左右，剩下的都是买自媒体和房租的费用。在她公司内，中等偏下的员工拿到的是税后四千左右，做得比较好的员工税后八千左右。

让赚来的钱再生钱的方法

在公司发展较为稳定没有大规模扩张需求的情况下，李宜蓓将公司赚来的钱绝大部分都投资到实体餐厅中去。例如一个李宜蓓公司推广了一年多的有实力的餐饮公司，想要做一个新的品牌，新品牌可以让负责营销方面的合作者买股份。公司不对外开放购买股份但是对李宜蓓他们开放，因为餐饮公司觉得让营销方面的公司入股能将公司的营销做得更好。李宜蓓公司虽然是做网络媒体推广的，他们依然觉得网络媒体目前虽然看上去不错但终究还是有点"虚"，可能受到的政策影响会较大，所以他们决定不能完全只投身在一个行业里，将投资分散一些或许会更安全。而不管电商如何发展，吃饭客户总还是要到实体店去的，人一天总还是要吃三顿饭的，碰到家里有喜事、丧事到饭店去吃顿饭也早就成了我们的一种习俗，所以她坚决地将赚到的钱大比例地投入到实体餐饮店中去。

图 3-33 盈利再投资漫画

市场中究竟有多少个李宜蓓?

如果餐厅对市场有要求想做网络推广的话,基本上会拿盈利的 20% 来做营销,小的只有一家门店的餐厅一般愿意拿来做营销的是每月六千到一万;有三四家门店的可能会每月拿二三万来做营销。有很多餐厅开到很大,但他市场费用为零。像这次西贝赞助北京马拉松,他们营销费用就一千多万,所以还是要看每家餐厅对市场的需求。

在网络餐饮推广这个行业中,与李宜蓓公司的同质型竞争对手较少,与他们做得比较相似的是广告公司。广告公司规格更高,广告投放的平台和时间段也更好,所以开价都非常贵。在宣传内容差不多的情况下,李宜蓓公司开价二、三万一个月,而广告公司就要到达四十五万三个月这个样子(不能一个月一个月地做)。餐厅老板的现金流都不多,要在他每个月的盈利中挖这两三万块钱已经是很难的一件事了,所以很多老板都觉得李宜蓓公司的性价比高,这也是他们公司口碑好,一直被老板之间互相介绍的原因。

还有一种公司与他们也比较相像,是做微信媒体的,但基本上一个公司所有人都致力于同一个媒体,他们会有一个公众平台,这个公众平台上都是他们写的文案,他们就只做这个平台,把它做起来,这样的平台通常在餐饮这块不是太专业,与李宜蓓他们的业务并不冲突。

给在校生的建议

作为一个白手起家,大二就开始创业并一步步走到现在的女生,她觉得所有的创业都是脚踏实地的,都是从一个人开始慢慢变大的。创业对一个人来说并不是你可以做老板,而是既要可以在办公室拖地打扫卫生,还要会做老板,一百万件事情都是要自己去做的,老板是要背负和承担很多东西的。

毕业生给自己的定位一定要精准,如果一开始就自认为是个很厉害的大学生,一出去就有种傲人的姿态,这样是行不通的。在日常事务上,有的人你跟他说一件事情他可以举一反三,而有的人你跟他说三遍同样的事他还是记不住,也不用笔把它记下来。所以人和人之间不仅是一个能力的问题,还有用不用心,如果一个人能力不那么强,但非常用心、人品又好,那公司一样是非常欢迎这样的员工。

案例点评

从案例中我们可以发现,李宜蓓通过兼职找到了自己喜欢的行业,找到了发展的方向,她将美食推广与新媒体结合在一起,为餐厅定制适合他们的网络推广方式,为新媒体的平台输送美食推广文案,可以说她是新媒体与餐馆之间的桥梁。

在时机上,2010年前后正好是新媒体萌芽时期,在这个时候选择做线上的推广可以说是踏准了新媒体发展的时间点。随着网络购物的出现,线下实体店明显地感受到来自电商的冲击,但餐饮业与零售业不同,它有着无法代替的到店体验这一步,所以它受到的冲击并不大,反而各类外卖平台、各类餐饮的网络推广,促使了餐饮业更好地发展。

同时我们也可以看到,作为新媒体人,她和她的团队都在餐饮文化、消费者心理、沟通技巧、摄影技巧等方面不断地学习,不断地完善自我。

就市场而言,可以说她处在一个"缝隙",广告公司收费太贵;各大新媒体平台、微信大号等自身是不会对某一个餐厅进行重点推荐的;餐厅自身在推广上、在对年轻一代所能接受的"软文"广告上并不在行。这三者之间的缝隙就是该公司的市场空间。

 案例讨论

1. 请简述李宜蓓是如何从日料店兼职网络推广做到一家十几人公司的老板的?

2. 结合案例简述公司是如何帮餐厅进行网络推广的。

3. 请仔细阅读案例后分析为何与西贝莜面村的合作不怎么赚钱李宜蓓还坚持要做呢?她是如何与西贝合作的?

4. 李宜蓓为何要打造学习型公司?为此她做了哪些?

5. 请分析,当一些餐饮公司想要做一个新的品牌时,为什么可以让负责营销方面的合作者购买股份?

6. 请结合案例考虑,李宜蓓公司的市场空间是什么?

案例六 "三无"创业者的创业之路

 案例简介

本案例的主角徐广源是一位创业经历丰富的90后,在高中时便思索着如何才能在没有家庭经济支持、没有特殊货源、没有人脉的情况下做生意赚钱。他先后做过的创业项目不下数十个,其中有盈利也有亏损,这里主要介绍他之前所做的淘宝代运营及现在正在做的游戏运营商。

案例故事

循着时代脉络,找准属于自己的"元年"

90后创业者徐广源年纪轻轻但创业经历却异常丰富,当其他男生还在讨论着动画片里的人物、课后约着一块去打篮球时,作为高中生的他对这些没有什么兴趣,他脑袋里想得最多的就是"除了考大学找到一份好工作，我将来怎么才能赚到钱"。和其他没有太多来自于家庭的经济支持、没有人脉、没有产品渠道的"三无"创业者一样，如何能更少地投入、借助别人的产品、在一个规则公开的平台上进行销售成为了他们这些"三无"创业者的目标。

值得庆幸的是，任何时代都会有不同的机遇产生，80年代的个体户①、90年代的认购证②、2000年的房地产。每个年代都有着属于自己的机遇，不同的是如何抓住这些机遇。而2005年之后可以说是中国的"电商元年"，2006年在网购还不是那么便利，并不为那么多人所熟悉的时候，徐广源却觉得这是一个机会，他"入魔"似的深入学习和探索了淘宝平台的运营规则，半年后，选择进入淘宝做店铺的代理运营，所代理的有服装类、饰品类、食品类等，代理的店铺也由一家逐步变成20家。代理运营简单的说就是老板出钱、出货、出人，他来负责将这些人安排在不同的岗位上，负责理清网店货品上新、销售、售前、库存、售后、各类促销活动等所有的事情，当然你也可以把它理解为管家。这不仅和他自己不断的尝试探索有关，客观的说也与进入的时机有关，当时懂得淘宝店铺运营的人并不多，很多老板只是有在淘宝上开店的想法，但对如何才能提高搜索排名、招揽到更多的客户一无所知，更别提网店内库存管理和发货、店铺美观度、客服问答技巧等内容了。可以说，他这一步是踏在了"电商元年"上。凭借着自身不断的努力和探索，店铺代运营这一做便是七八年，这七八年里他每天日以继夜地拼命工作，赚到了人生的第一桶金。

到了2013年，他发现淘宝平台的竞争已经超出了"理性"范畴。之前一个店铺的品牌五个人就可以做起来了，但如今肯定是远远不够的，因为里面有太多需要细分的内容，诸如有视觉、广告、客服、运营、进货补货、商品推广等等，总之一个品牌店铺没有二三十个人是做不下来的。最关键的是店铺代运营的市场开始逐步下滑，电商发展了这么多年，人才也随之多了起来，品牌方经过多年发展也更愿意将运作掌握在自己手里。所以他在2014年不再继续做淘宝运营。

名词解释：

① 80年代个体户：80年代，为了改变国民经济长期处于停滞和徘徊的状态，以及800万返城知青的就业问题，国家允许"各地可根据市场需要，在取得有关业务主管部门同意后，批准一些有正式户口的闲散劳动力从事修理、服务和手工业者个体劳动"。于是"个体户"从此应运而生。虽然，那时候很多人都知道摆个地摊就能发财，可很多人看不上也不敢！因为那个时期中国刚开始实行改革开放，大部分的人追求的只是考大学，进国家的企事业单位。这个财富机遇，在当时被人们看不起，敢去抓住、能去抓住这个机遇的人不多。

图 3 - 34 80 年代的个体户

② 90 年代的认购证：时值股票刚刚发行，大部分人对这一新鲜事物不敢接触。为了"推销"股票，政府甚至以红头文件的名义按人头分配，要求各单位"吃国家粮"的干部带头购买。后来，几乎所有的股票一上市就疯涨，最先投资于股票市场的很多人，一夜之间就莫名奇妙地成了百万甚至千万亿万富翁。第一批按行政命令"分配"买股票的人获得了巨大的收益后，无数人看到了财富效应，有的甚至在内地农村收购了一麻袋身份证，通宵排队购买股票。当然，这一批人都成为了先富起来的"百万富翁"，很多人的第一桶金由此而来。

图 3 - 35 上图为认购证抢购现场，下图为认购证实物

了解市场动态，确定创业方向

关于下一步究竟要做什么，徐广源思索了大半年，这大半年他并不是坐在家里自己一个人空想，而是参阅了各大市场调研公司的报告，听了众多知名经济学者的讲座。在收集到的信息中他发现，"互联网＋"这个概念还将继续火爆，但真正能够盈利的、不靠风险投资烧钱的企业并不多。诸多报告中都显示，京东这个几乎人人都用过的平台，在《财富》杂志 2015 年 7 月公布的中国企业亏损榜中，京东以亏损 49.9 亿元成为 IT、互联网行业中亏损最多的企业。但这并不表明京东卖不出产品生意不好，同年京东的营业收入有 1 150 亿元是互联网公司中的头名，甚至超过了阿里巴巴，但它就是不赚钱，不仅不赚还亏得厉害，这和它的运作模式以及现在消费类平台厮杀刺刀见红有关，可是这就是现在互联网公司的一个怪圈。但同时他发现，网游虽然也属于互联网产品，但是境遇却要好很多，而且现在正巧是一个网游向手游过渡的时间点。

此外徐广源找到了知名市场调研公司"Newzoo"[3]，在 2015 年 12 月发布了一份回顾全年移动游戏市场的报告。这份报告指出，2015 年全球移动游戏市场收入规模超过 300 亿美元，其中中国市场收入规模已升至全球第一，全年总收入达到 65 亿美元，这相当于整个北美市场的收入，同比增幅为 46.5％。在国内 2015 年第二季度腾讯网络游戏收入为 129.70 亿元人民币，移动游戏收入为 45 亿元人民币；第三季度网络游戏收入为 143.33 亿元人民币，移动游戏收入为 53 亿元人民币。移动游戏才开始发展没多久，加上中国人口数量之多，发展趋势一片看好，徐广源觉得这或许会是一个"手游元年"。

在明确了手游行业迅猛的发展趋势后，徐广源就在想面对这么大个市场，有哪一块是他的能力所能企及的呢？有哪一块是大公司看不上的呢？很快他便发现手游中的三大问题。

第一，渠道中的一些问题。通常大家下载手机游戏都是通过应用市场，例如 360 助手、豌豆荚、腾讯应用宝、百度手机助手、苹果的 App store 等。每一个市场就是一个渠道，每一个渠道都有自己的运营规则，并且都有不同的技术对接要求。此外这些市场都会有一些特别的要求，例如百度会植入他们的加速球、品牌的宣传 logo，不同的渠道所植入的元素都是不同的。对于个体的手游开发者而言，去全部了解这些渠道需要很长时间，而且上传的作品会不断地被这些渠道重审。

第二，支付问题。关于渠道方面还有一个角色就是运营商，手机用户本身就是运营商的用户，例如联通、电信、移动。运营商的用户属性是双重身份的，他既是游戏本身的用户，也是运营商的用户。所有运营商都能够直接靠短信来付钱，也就是短信代理业务。除此之外，还有一些新兴支付方式，诸如支付宝、微信、第三方电话卡之类的第三方支付平台。这些运营商与支付平台的支付资格许可都需要经过较长时间的申请。尤其是运营商这一块，他的要求非常高。

第三，宣传问题。手游除了开发、获得上线资格、获得支付资格外，想要更多的用户去下载和使用还得在各大平台上宣传、造势。在媒体方面，一般的网游、手游都会有属于自己的专区，一个好的游戏在各个媒体网站都会有自己的专区，这些都是需要人工建立和维护的。

而以上三点通常是个体游戏开发者无法独自完成的，至此一个大概的公司的轮廓在他脑中形成了，公司将着力于帮助个体开发者提供游戏发布中各个渠道的审核、支付资质、

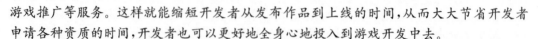

游戏推广等服务。这样就能缩短开发者从发布作品到上线的时间,从而大大节省开发者申请各种资质的时间,开发者也可以更好地全身心地投入到游戏开发中去。

名词解释:

③ Newzoo:Newzoo 是一家专注于游戏市场的市场研究公司,为目标客户群体提供更好的市场数据分析,上海办事处是 Newzoo 第一个海外办事处。

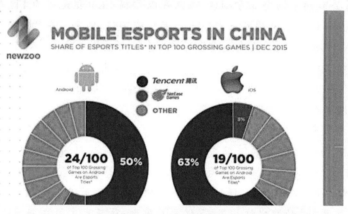

图 3-36　newzoo 对安卓与苹果系统在游戏领域分析图

QQ 群难道不是用来聊天的?

说干就干,徐广源立刻着手申请相关资质,同时在一些游戏开发论坛、游戏开发 QQ 群寻找自己的客户源和员工。是的,你没看错,他的员工和客户都是在 QQ 群里找到的。因为在徐广源看来,你只有喜欢游戏、会钻研游戏才会加入这些群去深入了解,而他要招的正是这些愿意去深入了解游戏、愿意去钻研的员工。

徐广源的团队共有十五名员工,都是一些游戏爱好者,本身也有从事过互联网相关工作,对于学历倒没有太多要求,关键是要肯动脑钻研、肯下功夫。在一些大型游戏公司内,员工的分工会按所在的部门进行分组,例如数据组,游戏性能运营组等等。而徐广源公司采用了一个人负责一整个游戏的方式,他认为一是因为自己是个小公司比不上大公司流程那么繁复,二是他觉得这样划分员工会对所负责的游戏有更深入的了解,只有更深入地了解这款游戏的特性才能做好这款游戏。

在互联网行业里面,一直有一些学习交流群、游戏行业内部交流群等,而这些群体在 QQ 群里比较集中,QQ 群里面不仅有游戏开发技术大牛、资深游戏爱好者,还有着许多迷茫的开发者。徐广源公司的商务员基本上每个人手上都会有二三十个 QQ 群,而且这些员工之间的 QQ 群都不重复。他们平时会在群里发些他们公司的宣传广告,这样就会有独立的开发者找到他们希望合作。徐广源仅仅三周就用这个方法拿到了两百七十多款游戏的发行权,到第五周的时候就已经有四百多款了。面对如此火爆的生意,他们没有继续签约,因为徐广源认为这一行要帮客户做好,能推得出几款卖座的手游才是最关键的,并不是以数量多来取胜的。

而造成如此火爆的原因,主要是因为发行商这个角色虽然在游戏领域是有很多的,但是多半都是做网游的,徐广源公司主要是做单机或是弱联网手游(弱联网就是偶尔利用互联网同步一点数据,对互联网的需求非常少),而电脑上的这些网游,只要你一秒钟离开网,就没法玩了。一般来说只要有聊天系统的都算强联网,国内的发行商都主要做这一块。

市场上还有谁和我干一样的事?

与市场其他网游发行商不同,徐广源主要是做单机手游和弱联网手游的,而现在国内的发行商都主要在做强联网游戏,他们的切入点不一样。

经他调查,在国内专做单机手游和弱联网手游的发行商非常少,目前国内和他们模式有所相似的还有两三家左右,而且这几家都在北京(徐广源在上海),这些北京公司的资金雄厚,团队的人数也不少。资金雄厚的公司通常会找一些精品游戏,前期付给开发者一笔费用,然后签订独家代理合同,不再让开发者和其他发行商联合运营,只能与他一家合作运营,两者之间的分配模式也变成了发行商比开发者高一级,当然在游戏盈利后发行商拿得也更多一些,开发者拿得少一些,因为开发者之前已经拿了一笔独家代理费了。

而像徐广源公司采取的则是和开发者联合运营的模式。前期各自负责自己的成本,收益以后才会有分配。好比说有一名手游个体开发户开发了一个"真好玩"的手游,这个开发户可以找 A 公司、B 公司、C 公司同时在各个渠道帮自己推广,等游戏成熟开始盈利后 A、B、C 公司再将各自的盈利与开发户分成,这样的话,开发者收益的不确定性较大,是一般小公司的做法。

在手游进入各类渠道前,徐广源会先在一些专业的游戏网站上宣传,诸如在搞趣网④上制作些滚屏新闻,或者在 CHINAJOY⑤ 这类与游戏有关的大型会议上做一些媒体支持。当然他们公司在这些平台所拥有的权限或待遇是游戏个体开发者所不能比的,公司一般有跳过一些初级审核,直接到达最终审核部分的权限,这样一来他们投的稿子就能更快、更容易地去曝光。

其实游戏对于开发者而言无非有三大关键点,第一是这个应用每天新增用户的数量,第二是应用活跃用户的数量,第三也是最重要的一点,就是应用的销售额。徐广源公司宣传推广的作用更多是帮助开发者提高新用户的数值。一般的开发者不太可能自己拿到那么多渠道的量,而且如果开发者自己去搞定所有发布的各个环节,那他需要走很长的一段路程,而徐广源公司的主要功能正是帮助开发者缩短上线路程。

名词解释:

④ 搞趣网:正式成立于 2011 年,目前已构建起手游媒体、渠道分发、工具创新、用户服务中心、传统行业矩阵等五大营销生态系统。2016 年最新数据表明,搞趣网的总用户渗透已累计超过 1 亿,月覆盖游戏玩家 3 000 万,是中国手游市场最具营销影响力的媒体之一。作为一家垂直领域的专业游戏媒体,搞趣网已经同美国 E3 国际游戏展、东京电玩展、ChinaJoy 游戏展等众多知名游戏机构建立了战略合作关系,除了签约成为 WMGC 的顶级赞助商之一外,搞趣网还多次获得了包括金翎奖、天府奖、黑石奖等在内的众多行业奖项。每年由搞趣网自主举办的"金顶奖"已成为南中国游戏行业最受关注的行业大奖。

⑤ ChinaJoy:中国国际数码互动娱乐展览会(简称:ChinaJoy)是全球数码互动娱乐领域最具影响力的盛会。ChinaJoy 是由中华人民共和国新闻出版总署等十二个政府部门指导,中国出版工作者协会游戏出版物工作委员会、中华人民共和国商务部外贸发展局、上海市新闻出版局和北京汉威信恒展览有限公司联合主办,上海市浦东新区人民政府协办的国际著名数码互动娱乐大展,是继日本东京电玩展之后的又一同类型互动娱乐大展。

图 3 - 37　搞趣网

图 3 - 38　chinajoy 官网

手游会像软件一样容易被盗版吗?

事实上网游、手游和计算机软件或网站一样具有知识产权,会产生盗版,会发生抢注册域名再高价卖出的情况。网游的名字就是计算机软件著作权,是在国家的版权局申请的。但网游名字与网站域名有着一定的区别,网游的名字就算完全一样,它里面也会有代码的区别,市面上最成功的代码就是做得比别人好,哪怕比别人注册得早,一看代码,版权局就只会保留最知名的那个,所以在重名上没什么太多的机会。在手游界,国外一般是精品游戏较容易出头,但在国内则是山寨游戏较容易出头。换句话说,把国外的经典游戏本土化后销量会更好一些。

国外的网游、手游和国内的运营方式也是一样的,像"愤怒的小鸟"⑥这款 2012 年在国内开始火爆的手游,就是一个国外的公司自己做的,在本土他自己就是发行商,因为他的团队够大,可以完成开发、宣传、运营各环节的事情。国内也有这种大型网游开发商,他们同样可以全程自己做,就不再需要开发商了。

游戏是没有国界的,但每个国家都有不同的玩法,国外的游戏到了国内还是一样需要遵守我国的各项规章制度,如果一整套的宣传和运营依然都是公司自己做,那战线就拖得太长了,开发"愤怒的小鸟"游戏的这家公司曾经在全球 140 多个国家的 App Store 里排名第一,所以不可能 140 个国家都由这家公司自己运作,一旦涉及海外还是需要当地发行商的。在我国"愤怒的小鸟"就是由乐逗公司⑦发行的,他们买了很多精品游戏。例如"愤怒的小鸟"、"神庙逃亡"、"水果忍者"这些知名游戏都是乐逗去签了独家代理费拿下的。他们把这个游戏的中国发行权买下,产生收益后再分一点给游戏开发公司。

名词解释:

⑥ 愤怒的小鸟:自 2009 年 12 月游戏发布之后,10 个月内达到 1 千万次收费下载,自此开始了系列作品"1 千万次付费下载"的神话。这款简单的物理解谜游戏,用一把小小的弹弓,将一群怪异的小鸟射进了玩家的内心。"愤怒的小鸟"系列现在已经席卷了全球 28% 的人口,平均每月则有多达 2 亿人在体验这款手游。"愤怒的小鸟"系列的全球累计下载量已达 17 亿人次,2013 年实现创收 1.956 亿美元。该游戏火爆的同时带动了许多线下延伸产品的销售。下图为游戏界面和游戏周边产品。

图 3 – 39　愤怒的小鸟游戏周边产品

　　⑦ 乐逗游戏：乐逗游戏是深圳市创梦天地科技有限公司（idreamsky）旗下运营的游戏中心，致力于移动互联网跨平台游戏产品研发和发行。拥有百款基于 android、iphone、ipad 等平台的国外版权高品质智能手机游戏产品，且全部为中文版本。在国内各大平台发布，把这些高品质游戏分享给玩家，并获得了"愤怒的小鸟"国内发布权，携手联想、华为、酷派等手机厂商内置发布。先后成功发行了"水果忍者"、"神庙逃亡"、"纪念碑谷"、"地铁跑酷"、"圣斗士星矢—集结"等知名手游。

图 3 – 40　乐逗游戏网站

你花1块钱买装备，开发者只能拿到1毛

随着公司的逐步发展，运作到现在徐广源的公司已经有了不少成功案例。其中让他们公司首次大幅盈利的游戏是"明星版水果忍者"。"水果忍者"最早的版本是国外先发的，经过开发者改版后在徐广源公司就成了"明星版水果忍者"。虽然明星版主体也是切水果，但出来的人物头像都是授权过的明星，用户可以购买明星人物来体验，明星版的界面和游戏里的代码与最早的"水果忍者"也不一样，并不构成侵权，所以国内的水果忍者明星版和国外的水果忍者完全是两个游戏。就好比大家都开发一个斗地主，一个牌是红的，一个牌是蓝的，这就不能说谁抄袭谁的。

徐广源公司将联合运营的这款"明星版水果忍者"游戏在渠道上架，渠道里就会有人去下载，好的产品很快就能上一些渠道的首页中第一屏轮播大图，一天能有两到五万不等的下载量。同样的，用户玩了手游，就会产生消费，例如买个明星人物、买个水果刀等等，产生的消费就是徐广源公司的收益，这也是他们主要的盈利方式。具体盈利的方式例如，一个用户用话费在游戏里充值了一元，三大运营商首先拿掉30％，然后渠道拿掉40％，剩余的30％徐广源他们和开发者分。徐广源公司和开发者一般是六四分或者七三分（大公司也可能分得再多一些），也就是客户充值一元，三大运营商拿掉3毛，渠道拿掉4毛，徐广源的公司可以拿到2毛左右，开发者拿到1毛左右。当然现在有不少的第三方收费方式诸如支付宝支付、微信支付、点卡支付等，它们也在逐渐蚕食这个支付的市场。

现在手游市场里一个用户平均都会贡献五毛，有一些优质用户会贡献三到四元。单个用户的费用不算多，但整个用户量堆起来后总的费用也就起来了。换个角度可以理解为渠道商的费用就好像一个实体店的门面租金，给三大运营商的费用就像使用银行汇款，收取高额转账费。现在的各种网站很多都是买用户的，所以互联网上用户价值也就越来越贵了，这些渠道商更接近用户，他们可以收这个费用。其实这个游戏的付费欲望高不高就能决定这款游戏的成败，运营商也好，渠道商也好，都是依靠后面拿到的分成，所以说游戏只要本身付费力度强，就能带动一切。像"明星版水果忍者"本身在第一个版本的时候，平均每个用户付费八毛，已经算是比较优秀的产品了，这个时候徐广源他们就给开发者提供一些运营上的意见，比如让开发者加入一些解锁的模式等，如此一来用户付费总额就会上去。当一款游戏的付费额高了后，渠道也就会主动找上门来说这款游戏挺好的，但量不够，要不要给你们做一些广告，在排行榜或首页帮你们推广推广。当然这些推广和广告都是要收费的，你可以选择增加一些分成或者是直接付费。

"明星版水果忍者"在一开始还在积累用户的时候，每天徐广源公司的盈利在三百元左右，但当达到鼎盛期后，一天付费用户能有二万多，一个用户能贡献将近两元。

徐广源公司在初创的几个月刨去成本，净利润是二三万元每月，如今这款"明星版水果忍者"上了正轨以后，每月净利润是十多万元左右（这其中也包括了其他游戏的收入），并且这一势头上升较为迅猛。所以公司就控制了招商的数量，因为一款做得好的游戏带来的收入远超过十款做得普通的游戏的收入，他们想把每个游戏尽量做成像"明星版水果忍者"这个程度。

在成本这块，公司员工的底薪在四五千元，此外还会有员工介入游戏的数量作为工资杠杆，对运营数量也会有一定的奖励，简而言之就是多劳多得，在他们公司最多的一个员工可以有税后到手1.5万元左右的收入。公司初期没有太多的投入，员工使用的计算机都

是自带的笔记本,主要就是房租和维护与各大渠道、运营商关系的一些费用。运营商向徐广源公司的结款方式是 N+1 月,次月结。

创业真的很辛苦

对于一个九零后已经创业十多年的创业者来说,遇到比较大的困难是分不同阶段的。在最早不懂融资的时候最大的困难还是来源于钱,做电商的时候,货很容易积压,货出不去下一批货就拿不进来,这样商品种类的范围就小了。在了解融资以后的困难在于这个融资的模式怎么样,毕竟别人投你钱不是做善事不是捐赠,是要有实实在在的回报。还有就是核心团队的问题。像现在一些流行的商业模式或者项目不是一个人就可以做完的,要一帮团队去研究。要能跟着时代走,我觉得身边还是缺少同等高度的人,身边更多的都是执行者。在早期的时候一个生意刚开始并不盈利又需要砸钱进去的时候就要有能养它的项目,那时候徐广源会出去用以前电商外包的形式,一个人去接三四家店铺做,没有请人,实际性工作都是他一个人来做,这些做电商外包赚来的钱再拿来养现在的项目。那段日子过得虽然很困难和艰辛,现在当他回忆起来时还是真心地佩服当时的自己。

图 3-41 90 后创业者漫画

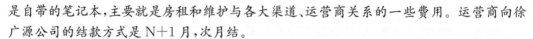

案例点评

作为"三无"创业者的徐广源两次都很幸运地踩中了"互联网+"发展期不同的特色项目,一个是淘宝发展的"元年",另一个则是手机端游戏发展的"元年"。而这份幸运并非躺在床上做梦梦到的,而是在参阅各大市场调研公司的报告、听了众多知名经济学者讲座后总结出来的。可以说他准确地借助外力踏准了时代的热点。

在创业过程中他将公司的销售和招聘搬到了 QQ 群内,而这一变化不仅为公司招聘到了适合的员工,还带来了大量的业务,可以说这是他打破传统的方式获得的成果。此外他对市场的分析也非常清晰,深知大公司和小公司在手游发行上的区别,因此将自身准确地定位在"联合开发"的位置上,找到并开发了市场中的蓝海。

在他身上我们可以看到"三无"创业者的艰辛,也看到了"三无"创业者的收获,背景是别人给的,背影才是自己的,相信在各类创业扶持政策的帮助下会有越来越多的"三无"创业者变成"四有"新青年。

案例讨论

1. 徐广源最初的淘宝店铺代运营做得好好的,是什么促使他转行到游戏发行商呢?

2. 请问,案例中多次出现的渠道指的是什么?

3. 请讲出徐广源游戏发行公司招聘员工和寻找客户的工具是什么,讲讲他的理由并说说你自己的看法。

4. 请简述该公司的主要客户及经营内容。

5. 请对比徐广源公司与其市场主要竞争对手间的区别。

6. 国外最早出现"水果忍者"的手游,后来徐广源公司又代理了款"明星版水果忍者",请问这"明星版水果忍者"存在盗版行为吗? 为什么呢?

7. 请试着分析一下,游戏发布后获得的利润是如何分配的? 开发者为什么愿意接受自己辛辛苦苦开发的游戏到手只有 10% 的利润呢?

8. 请通过搜索引擎找到 Newzoo 公司发布的 2016 年 6 月发布的首份《全球移动市场报告》和 2017 年 7 月发布的《2017 年全球游戏市场行业报告》,其中披露了全球应用市场收入、全球智能手机渗透率、全球手游端游戏的关键趋势等方面的数据。请结合这些数据尝试分析中国游戏市场的前景。

9. 试着说说看如果你是这家游戏公司发行公司的老板,下一步你将如何发展公司。

项目四 创业中不可缺少的数据源

当我们投身于某一行业想要创业前，一般都会先分析一下该行业或与自己项目有关的几个行业的发展趋势。那如何判定某一行业是朝阳产业、某一行业已呈现下降趋势呢？仅凭自己看到的、听到的、想到的，会有一定的局限性。因为一个人的"眼界"是有限的，见闻再广博的人也总有不清楚的领域，这时我们就需要借助市场上口碑较好的一些数据平台、调查机构出具的报告来参考，此外还可以去一些可信度较高的创业类平台去咨询，这些平台不仅有创业专家还会有政策查询、融资服务等功能。

一、 行业报告及数据查询平台

（一）友盟数据——专业的移动开发者服务平台

网址：http://www.umeng.com

介绍：友盟是中国专业的移动大数据服务平台及移动开发者服务平台，于2010年4月在北京创建，友盟以移动应用统计分析为产品起点，发展成为提供移动数据服务与运营工具的综合性的开发者服务平台。移动数据服务包括应用统计分析、游戏统计分析、社交数据分析、友盟指数、友盟数据报告等；运营工具包括消息推送、社会化组件、微社区、IM 等，帮助开发团队收集、挖掘和分析数据，利用数据进行产品运营决策，并运用工具将数据进行落地。截至2015年11月，友盟服务了超过 74 万款 APP，27 万开发团队。

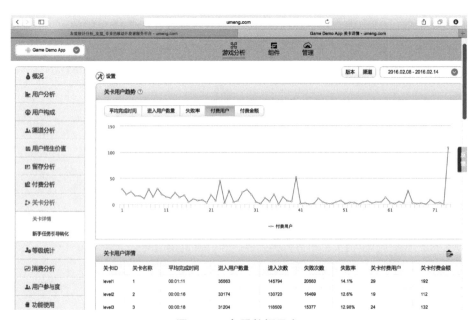

图 4 - 1　友盟数据平台

（二）199IT——中文互联网数据研究资讯中心

网址：http://www.199it.com

介绍：中文互联网数据研究资讯中心是一个专注于互联网数据研究、互联网数据调研、IT数据分析、互联网咨询机构数据的互联网权威机构。

图4-2 199IT 中文互联网数据研究资讯中心

（三）中国互联网络信息中心 CNNIC

网址：http://www.cnnic.cn

介绍：中国互联网络信息中心是经国家主管部门批准，于1997年6月3日组建的管理和服务机构，行使国家互联网络信息中心的职责。作为中国信息社会重要的基础设施建设者、运

图4-3 中国互联网络信息中心

行者和管理者,中国互联网络信息中心(CNNIC)负责国家网络基础资源的运行管理和服务,承担国家网络基础资源的技术研发并保障安全,开展互联网发展研究并提供咨询,促进全球互联网开放合作和技术交流,不断追求成为"专业·责任·服务"的世界一流互联网络信息中心。

（四）百度数据研究中心

网址：http://data.baidu.com

介绍：百度数据研究中心于2006年12月成立,依托于百度庞大的网民搜索意图数据库,致力于开展网民搜索行为研究。作为全球最大的中文搜索引擎,百度每天响应数亿次搜索请求,依据统计学原理建立的搜索关键词数据库能在最大程度上反映出中国网民的兴趣点和选择指向。百度数据研究中心从行业角度对用户搜索行为数据进行综合梳理,挖掘出网民的潜在需求与消费偏好,描绘出品牌竞争格局,并预测行业的发展趋势,为企业提供决策依据与营销效果评估,从而为产品与消费者分析带来全新的研究方法和营销理念。

图 4-4　百度数据研究中心

（五）艾瑞网

网址：http://www.iresearch.cn

介绍：艾瑞网是基于艾瑞咨询多年来在互联网及电信相关领域研究成果,融合更多行业资源,为业内人士提供更丰富的产业资讯、数据、报告、专家观点、高层访谈、行业数据库等全方位、深入的行业服务,多角度透析行业发展模式及市场趋势,呈现产业发展的真实路径。艾瑞网受众属性较为高端,绝大部分是关注网络经济发展以及互联网、电信相关行业从业人士,其中市场决策人员占据相当大的比例,对于网络媒体企业、互动广告代理公司的品牌推广具有较高的商业价值。

图4－5　艾瑞网站

（六）鸟哥笔记

网址：http://www.niaogebiji.com

介绍：鸟哥笔记是移动互联网最早的干货媒体网站之一，成立于2010年8月。鸟哥笔记除了提供移动互联网运营推广等干货知识、行业资讯以外，还搭建了行业交流、人脉资源共享的平台，是涵盖移动互联网资讯、手游、APP深度报道、爆料、手游运营推广、APP运营推广经验知识分享等一体的移动互联网资源媒体网站。经过多年运营，鸟哥笔记在移动互联网行业已经具有较高的知名度。

图4－6　鸟哥笔记网站

二、 官方创业咨询类平台介绍

对初创业的学生或是刚毕业的社会新人来说,除了自身经营的项目外更需要了解一些创业周边的内容。比如,毕业2年了的学生创业开公司还享有税收优惠吗? 自己编了款软件如何才能更便捷地申请专利? 有个好的创业项目就是缺钱,去哪才能找到放心的融资渠道呢? 作者在指导学生创业过程中碰到过很多同学对此不甚了解,特此整理出以下官方的创业信息类网站。当然除了以下平台外还有许许多多社会性投融资的平台,笔者就不一一列举。

（一）全国高等学校学生信息咨询与就业指导中心

网址：http://csicc.moe.edu.cn

简介：这是一个集全国高校学生相关信息的电子政务和信息化服务平台,包括普通高校招生、研究生招生、港澳台招生、高校学籍学历电子注册、学生资助等。面向社会开展系列信息咨询服务,举办高考网上咨询周、硕士研究生招生网上咨询活动,开展学籍学历信息查询与在线验证等服务。通过网站首页中的链接地址可以直接点击进入所在省市自治区的就业指导中心,获得最权威的就业、创业扶持政策。

图4-7 全国高等学校学生信息咨询与就业指导中心

（二）全国大学生创业服务网

网址：http://cy.ncss.org.cn

简介：全国大学生创业服务网是教育部唯一指定宣传、鼓励、引导、帮助大学生创业的官方网站。在教育部高校学生司指导下,全国高等学校学生信息咨询与就业指导中心负责网站具体运营。经2014年进行网站的全面升级改版,充分激活创业网平台优势和地位优势,打造创业基金和创业项目双选服务新平台。该网站集创业项目对接、商标注册、知识产权、创业实训、创业优惠政策解读于一体。

图 4-8　全国大学生创业服务网站

（三）上海学生创新创业服务平台

网址：http://www.firstjob.com.cn

简介：该平台是由上海市学生事务中心主办的创业服务网，为在校生或刚毕业 2 年内的大学生提供服务，包含创业咖吧、创业政策咨询、创业培训、创业测评、公司建立程序、创业场地选择、项目对接、创业基金。

图 4-9　上海学生创新创业服务平台

（四）上海创业公共服务信息网

网址：http://www.12333sh.gov.cn/cyfw/index.shtml

简介：该平台是由上海市人力资源和社会保障局主办，上海市共青团委协办的，面向全上海市民的创业服务信息网，该网站包含了创业融资、创业场地、创业培训与见习、创业服务、税费优惠、公司注册等内容。

图 4－10　上海创业公共服务信息网

（五）上海市大学生科技创业基金会

网址：http://www.stefg.org

简介：上海市大学生科技创业基金会（简称 EFG 及创业基金会）成立于 2006 年 8 月，是全国首家从事推动大学生进行科技创业的非营利性公募基金会。创业基金会致力于传播创业文化，支持创业实践，旨在探索一条以公益为基础、市场为支撑的"双轮驱动"的体制机制创新之路。

截至 2015 年 3 月，基金会已联合各高校、区县、孵化器，在东华大学、电力学院、对外经贸大学、复旦大学、工程技术大学、华东理工大学、华东师范大学、华东政法大学、交通大学、浦东、上海大学、上海理工大学、市创业中心、松江、同济大学、香港理工大学共设立 16 个基金分会，并设立奉贤光明专项基金、上海交大安泰专项基金、视觉艺术学院专项基金、天使伙伴专项基金、天使引导专项基金 5 个专项基金，构建起了全方位传播创业文化、培养创业人才的科技创业网络。

2014 年，创业基金会各分会共接受 861 个项目申请，资助项目 239 个，资助金额达 5 108 万元。创业基金会成立至 2015 年 9 月底，累计共接受 4 779 个项目申请，资助项目 1 217 个，累计已资助金额约 2.26 亿元，带动近万人就业。

图 4 – 11　上海市大学生科技创业基金会

项目五　如何撰写创业计划书？

　　创业计划书的结构就像人体的骨骼,结构对了计划书起码就成功了一半。有了清晰的项目结构再往里填内容,计划书就会比较完整。本项目第一部分是教大家如何构造一个完整的创业计划书结构;中间部分的两份样张用实际的案例告诉大家搭建完结构如何规范化地表达出你的创业想法;最后通过案例讨论,来帮助读者更好地阅读和理解两份创业计划书中的内涵,并且案例讨论在书的最后配备了详细的参考分析。这两份创业计划书源于作者之前指导的学生创业项目,属于真实的创业案例,其中包含了创业的原因、过程、创业中碰到的挫折、后期的盈利情况等,相信只要认真阅读一定会有所收获。

一、3个W、1个H让你写清楚创业计划书

　　创业计划书是创业者计划针对某项业务活动进行创业的书面报告。它用来描述所进行项目的内外部环境、产品或服务的特点、与其他同类产品或服务的区别、为业务的发展提供指示和衡量业务进展情况的标准,是市场营销、财务、生产、人力资源等职能计划的综合。对于我们同学而言最常被忽略的是市场调研和风险控制这两块。接下来让我们看看,一份完整的创业计划书要讲清楚哪些内容?

　　(一) WHAT?

　　做的是什么? 如果是产品就介绍清楚产品特点,如果是优化现有流程的就写清楚如何优化,优化后的效果。别看这一项在计划书中篇幅不大,但它非常重要,产品就是你创业的成功基因。还有就是要考量你或你这个团队是否有能力把这个项目做下来。

　　(二) WHY?

　　为什么做这个? 也就是这个项目的市场分析,你项目所在的行业是否为朝阳行业,这部分要用一些数据体现出来(这些数据来源可通过第四章给出的一些免费网站找到)。所属行业趋势好的话,同类产品竞争是否厉害? 欧美发达国家是否有同类产品? 他们是怎么做的? 你或你的团队比其他竞争者强在哪里? 你或你的团队有什么能力来做这个?

　　(三) WHEN?

　　为什么是现在这个时间点做,而不是曾经的二三年或未来的五六年做? 这个时间点周边市场配套的服务、基础建设、国家政策、国民观念、消费习惯等这些会随时间改变的点是否能支持这个项目?

　　(四) HOW?

　　怎么做,怎么赚钱? 这是非常具体的部分,把项目的商业模式讲清楚,自己产品要怎么生产运作、怎样做推广、会遇到哪些困难而你们又将如何解决,团队内如何分工,最重要的是讲自己做过哪些事情(诸如市场调查、问卷、实地调研、数人流量等),将来要做哪些。如果想要融资的话讲清楚缺多少钱,可以让出多少股份,想要怎样的合作模式。

　　(五) 出色的计划摘要

　　这点极其重要,一般放在整本计划书完成后再写,重要度类似于电影预告片,评委或投资者时间通常非常紧张,不一定会读完整本计划书,摘要写作情况会直接决定他们要不要看下去。

二、 创业计划书的结构

一般来说,创业计划书主要的结构应该包括封面、项目摘要、市场分析、市场运营、组织结构、财务分析和风险分析。

(一) 封面

封面要美观,具艺术性,加上团队或项目 logo,使阅读者形成良好的第一印象,同时要有页眉——项目名称,页脚——当前页码及总页码。

(二) 项目摘要

再次强调它的重要性,这部分的重要度类似于电影预告片,它是浓缩了的创业计划书的精华。计划摘要涵盖了整篇项目文档的要点,以求一目了然,以便评审能在最短的时间内评审计划并作出判断,一般是整篇项目文档完成后再写,字数控制在一张 A4 内。

(三) 市场分析

在市场分析中,需要对项目所处的几个行业都进行细致的分析,几个行业的交汇处就是这个项目生存的空间。这部分主要解决以下几个问题。

1. 该行业发展程度如何? 朝阳产业或是夕阳产业,国内发展趋势如何? 欧美发达国家发展趋势如何? 哪些因素决定着相关的若干行业的发展趋势?

2. 一些可变点的现状或稳定度如何? 诸如国家政策方向(这项最为关键)、国民观念、消费习惯、基础设施配套建设如何等。

3. 你的项目在该行业中所处的真实情况与前景,项目是否有同质竞争者,与这些竞争者相比你们各自擅长的特点?

4. 有无做过实地的市场调查? 如何做的? 结果如何?

5. 国家、城市的经济发展对该行业的影响程度如何? 政府是如何影响该行业的?

6. 你竞争对手的市场战略是什么,他们投了多少资金,他们有哪些支持者?

7. 进入该行业的障碍是什么? 你将如何克服? 后进入该行业者如何克服? 该行业典型的回报率有多少?

(四) 产品或主营业务介绍

这里要注意的一点是,产品介绍部分的说明要准确,如果涉及特别专业或保密性强的知识注意保留一定的核心内容。很多投资者、评委对这个项目领域的专业知识并不是很专业,所以产品介绍要通俗易懂,通常可以用打比方、类比的方式写。

产品或主营业务的介绍应包括以下内容:

1. 产品的介绍:附上产品原型、视频或相关介绍、性能及其特性,产品的市场竞争力、产品的研究和开发过程,失败过的版本或者由失败汲取到的经验也可以在这里说。

2. 发展新产品的计划和成本分析、产品的市场前景预测、产品的品牌和专利等。

3. 包含生产制造计划,内容包括:

(1) 产品制造和技术设备现状;

(2) 新产品投产计划;

(3) 技术提升和设备更新的要求;

(4) 质量控制和质量改进计划。

(五) 市场运营

这部分主要是讲你如何将自己的产品或模式推广出去,让更多的人知道。酒香不怕巷子

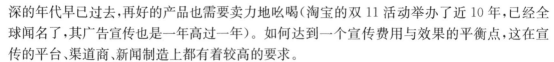

深的年代早已过去,再好的产品也需要卖力地吆喝(淘宝的双11活动举办了近10年,已经全球闻名了,其广告宣传也是一年高过一年)。如何达到一个宣传费用与效果的平衡点,这在宣传的平台、渠道商、新闻制造上都有着较高的要求。

1. 营销目标

由于新项目、新企业面临的变数太大,所以在初创类项目中可以模糊一些。结合自身条件,对比行业普通水平,写上预计总销售量为×××件,预计毛利×××元,市场占有率实现××即可。

2. 营销策略

(1)营销宗旨:一般可以注重这样几方面:以强有力的广告宣传攻势顺利拓展市场(这项仅限于宣传资本超雄厚的公司才能顺利进行),为产品准确定位,找准客户群;突出产品特色,采取差异化营销策略;建立起点广面宽的销售渠道,不断拓宽销售区域等。

(2)产品策略:通过前面产品市场机会与问题分析,提出合理的产品策略建议,形成有效的4P(产品、价格、渠道、促销)组合,达到最佳效果。

(3)价格策略:以成本为基础,以同类产品价格为参考。使产品价格更具竞争力。拉大批零差价,调动批发商、中间商的积极性。

(4)销售渠道:产品销售渠道状况如何? 对销售渠道的拓展有什么计划? 采取哪些政策鼓励中间商、代理商的销售积极性?

(5)广告宣传:前期推出产品形象广告,重大节日前推出促销广告,积极利用新闻媒介,善于创造利用新闻事件提高公司及产品知名度。

(六)人员及组织结构

在创业计划书中,必须要对项目内主要管理人员加以阐明,介绍他们各自所具有的能力,他们在本企业中的职务和责任,他们过去的主要经历及背景,评审经常根据成员的过往经历判断此人是否能胜任此次创业中的角色。

此外,还应对项目组或公司组织结构做简要介绍,包括公司的组织结构图、薪酬体系、股权比例和特权等。

(七)财务分析

对于已经成立或注册公司的初创企业来说,现金流量表、资产负债表以及损益表是必不可少的财务分析数据。而对尚未注册公司或团队来说,没有这三张表也不是什么大问题,但要描述清楚公司的主要收入来源、主要开支、盈利能力等情况。还有就是对流动资金的需求要有个详细的计划和进行过程中的严格控制。

这里为非财会专业的同学们普及一下上面提到的三张表的作用。损益表反映的是企业的盈利状况,它是企业在一段时间运作后的经营结果;资产负债表则反映某一时刻的企业状况,投资者可以用资产负债表中的数据得到的比率指标来衡量企业的经营状况以及可能的投资回报率。

(八)风险与风险管理

风险一般来说有内部风险和外部风险。内部风险指发生在企业内部的,诸如产品技术的发展、宣传的模式、管理的方式等企业自身可以控制的风险。外部风险指发生在企业外部的风险,诸如国家政策的改变(如房地产从大力发展到全力调控)、消费者的喜好偏好的改变(如2000年前上海街头做辣菜的饭馆屈指可数,但随着口味的改变和外来人口的增加,如今上海从香辣小龙虾到麻辣烫、重庆火锅、湘菜、川菜比比皆是)、消费模式的改变(如从逛商场变为网购)等。在做风控的时候主要考虑以下问题：

1. 你的公司在国家政策、市场、竞争、技术方面都有哪些基本的风险？通常情况下使用 SWOT 分析法列个图表就比较清晰了。

2. 你准备怎样应付这些风险？

3. 你的公司还有一些什么样的附加机会？附加机会的意思是,诸如京东是做网上零售平台的,在积累了大量的用户数据、企业关系和企业信用后它做起了"京东金融"这一互联网金融服务,在零售至今未盈利的情况下,"京东金融"反而率先盈利。

4. 在现有资本的基础上如何进行扩容？

5. 在最好和最坏情形下,项目二三年内表现将如何？

（九）创业计划书的文字排版要求

计划书文字排版的重要性超乎了很多人的想象,经常评审会说的一句话是,连格式都排不对的人,我们怎么放心把钱交给他呢？ 以下为大家提供的是一套较为常用的格式。

1. 字型：大标题用 2 号黑体,中标题用 3 号黑体,小标题用 3 号楷体,正文用 4 号宋体。

2. 纸型：统一用 A4 纸,左侧装订。

3. 页边距：上 2.6 cm、下 2.6 cm、左 3.0 cm、右 2.0 cm。

4. 结构层次序数："一"、"（一）"、"1."、"（1）"。

三、 创业计划书示例——《玩美——专业美甲美睫》

（一）《玩美——专业美甲美睫》案例简介

玩美——专业美甲美睫在正式开张之前对店铺周边 1 000 米范围内所有的同类店铺都做了详细的调查,包括她们的价格、款式、美甲师的工资等,并潜入这些店里当了半年学徒来了解整个美甲店的运作及容易产生的问题。

由于地理位置关系,店铺处于黄金地段中的偏远地区,门口又是单行道,所以店铺采用了 O2O 的运作模式,线上在大众点评、百度地图上进行了大量的口碑营销,线下实体店内制定了客户服务的标准流程与相关提升工作效率的工具,策划既能吸引到客流又可以扩大影响力的优惠活动。目前店铺已达到每月净利润 3～4 万元。他们下一步的目标是扩大第一家店的盈利额,用以店养店的模式扩张第二家店铺。右图 5-1 为店铺外景与店内图片。

图 5-1　玩美店铺外景与店内图片

（二）项目所获奖项

2016年第十三届全国中等职业学校"文明风采"竞赛全国二等奖

获 奖 证 书

程家凤：

在第十二届全国中等职业学校"文明风采"竞赛活动中，你的作品《玩美—专业美甲美睫》获得职业规划类 **二等** 奖。

特发此证，以资鼓励。

全国中等职业学校"文明风采"竞赛组织委员会
二○一六年五月

图 5 - 2　第十二届"文明风采"竞赛职业规划类二等奖奖状

2017年"挑战杯——彩虹人生"上海职业学校创新创效创业大赛特等奖

图 5 - 3　**2017 年"挑战杯——彩虹人生"上海市中职学校创新创效创业大赛特等奖奖状**

（三）《玩美——专业美甲美睫》创业计划书样本

2017 年挑战杯创业设计大赛

《玩美——专业美甲美睫》创业计划书

组　　员：佟博文、蔡蕴灵、陆怡娴、王扬、杨淑怡

指导老师：汪　婷

2017 年 5 月

目 录

第一章 执行概要

1.1 项目概述

现今人们对美的渴望得到了不断的释放,美容项目更是从面部的护肤、化妆、烫染发型扩展到了手、脚指甲和睫毛,街头巷尾那家家的美甲美睫店也证明了这一需求。美容美甲行业的主要客户群体是具有一定消费能力的年轻白领女性、中年妇女、大学生。我们看到了这市场的前景,结合自身美容美发、电子商务的专业优势,开设"玩美——专业美甲美睫"工作室,主要为顾客提供美甲、美睫、化妆、婚礼跟妆、美甲美容培训相关的服务,并依托淘宝、大众点评、百度地图、商户微信朋友圈进行线上的宣传、销售,实现O2O式的运营模式,因为美甲美睫这种需要专业技术类的服务顾客不能自己在家完成,必须是一个到店体验式的服务,所以我们使用互联网+美甲美睫的运营方式。

我们于2016年2月正式在浦东福山路90号开张经营,经过一年的运营,业绩不断增长,目前平均月净利润已经达到了3—4万元,这一数字还在不断增长。我们还主动清还了学校前期为我们创业所资助的2.5万元货款,希望能将这一费用留给创业营中的学弟学妹。

这一年我们更好地掌握了客户的喜好,对店铺的网络营销也有了较好的前期铺垫,同时调整了原有服务的层次和服务项目,转变为以美睫为主,美甲为辅的专业服务。接下来我们打算在维持第一家门店(学校创业园资助免店租的门店)的基础上用以店养店的模式开创我们的第二家实体店,逐渐形成品牌化的美甲连锁店,并努力获得大众点评与美甲帮(全国最大美甲类APP)及行业专家共同制定的CPMA认证,因为获得这一认证就像是获得了"绿色产品"、"名优产品"称号一样,会让消费者放心消费。

1.2 创意方案要点

"玩美——专业美甲美睫"工作室在以下几点上有别于市场上其他中低端美甲店。

1.2.1 O2O的运营模式

"互联网+"在很多行业已经稀松平常,但在美甲美睫行业并不是那么的平常,特别是街头巷尾的一些中低端美甲店,主要原因是美甲美睫从业人员学历较低,她们不会也不愿意开展网络营销,店里最多使用互联网的地方就是电子支付。而现在年轻的客户在进入一家新店前都已经习惯了上网查看该店铺的信誉和特色,也更习惯使用网络来查找自己需要的服务,电子商务是一种手段。

而我们有来自美容美发专业的同学,也有来自电子商务专业的同学,开设网点、在网络进行营销、客户到店提供标准化的美甲美睫服务都是我们作为中职生力所能及的。基于这两点我们运用了"互联网＋"的概念,将互联网与美甲美睫联系起来,用互联网来推广我们的产品和服务,又通过互联网更快地响应客户提出的服务需求。线上线下共同运营,在一楼设立顾客接待体验中心,二楼设立电子商务中心,用作线上销售,不仅可以吸引周边用户,更可以将网络用户引入实体店中。

1.2.2 着重客户体验

近年来,美容美甲产品的安全性问题频频被曝光,有些客户在指甲卸完甲油后会发生本身的指甲暗淡、发黄,甚至是断裂的情况,这是甲油质量不好产生的。在美睫方面,有些客户会产生眼皮发痒、红肿,甚至是眼球红肿的情况,这多是因为种植睫毛的胶水质量不好导致的。我们所使用的美甲美睫产品符合国家质量认证标准,绝不使用劣质产品,不打价格战,并全程优化了客户到店体验过程,使客户有着较为完美的客户体验。诸如,对于美甲中由美容用具产生的交叉感染问题,目前我们使用了消毒机对器具进行消毒,成本并没有增加几毛钱,但用户体验却可以由此提升好几个档次。

相比其他美甲店铺,我们的服务流程都是经过精心设计的,有着较高的客户体验。以下表为例,每一项服务都有着明确的流程,并张贴在店内,以便客户对我们进行监督。

表1－1 美甲消费价目表

项目编号	项目英文名	项目名称	项目操作过程	非会员价	会员价
GK1	COLORING	涂指甲油	消毒＋做型＋热毛巾＋底油＋涂指甲油＋亮油	￥38.00	￥26.00
GK2	FRENCH COLORING	涂法式指甲油	消毒＋做型＋热毛巾＋底油＋法式指甲＋亮油	￥58.00	￥40.00
GK3	HAND NASSAGE	手部按摩	消毒＋除角质＋热毛巾＋手膜(水分滋养)＋热毛巾＋按摩	￥65.00	￥45.00
GK3-A	HAND AROMA MASSAGE	手部精油按摩	消毒＋除角质＋热毛巾＋手膜(水分滋养)＋热毛巾＋精油按摩	￥95.00	￥66.00
GK4	BASIC MANICURING	基础护理	消毒＋做型＋浸手＋剪指皮＋消毒＋热毛巾＋护甲底油	￥75.00	￥52.00
GK5	BASIC MANICURING＋COLORING	基础护理＋涂指甲油	消毒＋做型＋浸手＋剪指皮＋消毒＋热毛巾＋底油＋改变指甲颜色＋亮油	￥95.00	￥66.00

1.2.3　降低成本的标准化服务模式与工具

所有的美甲店营业时间几乎都是从下午1、2点开始到晚上9点高峰时间段,所以在营业时间非常有限的情况下如何在保证质量的同时用更少的时间就显得非常重要。正如世界上没有两片完全相同的树叶一样,同一个美甲师也不会做出完全相同的两双手,究其原因是美甲的操作过程繁琐和不规范,不同的美甲师都有不同的习惯,甚至顺序也会有所差异,同一家店中的服务差异性不仅会引起顾客的不舒适感,降低客户对我们的信任,更重要的是会降低我们工作的效率。经过反复的实验,我们从去死皮、修甲形、护理、到涂色、做花式、烘烤都设定了自己的操作流程标准,并规定所做的每一步都必须给客户提示。为了更好地提高工作效率,我们还购置了相应的工具,诸如美睫时用的戒指式黏合剂存取器、能使烤干时间缩短2倍的led灯、防污黏土等等。

1.2.4　非黄金时段的促销

前面已经讲过美甲店下午1、2点前几乎不会有生意,所以除了提高自身效率外,我们还在非黄金的9—13点做出大力优惠活动,在这个时间段进行美甲美睫的话可以享受到平时价格的买一送一活动,也就是一个人花50元来涂一个单色的话,那么她的朋友可以免费做一个单色。如果她要做一个高端300元美睫的话,她的朋友也可以免费做这样的美睫。这个活动一推出,很多白领都会在午餐时间将午餐快递叫到店里,边做边吃午饭。

第二章 市场分析

2.1 美容美甲市场分析

美甲帮是我国目前最大的美甲 APP，拥有超过 600 万的使用者，其中超过 174 万是美甲行业的专业从业者(从业者覆盖率达 72.8%)，根据美甲帮的报告显示，2014 年美甲行业的市场规模达到 580 亿，2015 年达到 760 亿，2016 年达到 918 亿，未来预计将以每年超过 20% 的速度持续增长。

图 2－1 美甲行业规模递增图

2.2 周边市场实地调研

本次调查项目组以上海振华外经职业技术学校(以下简称振华)为圆心，以一个人步行 6—7 分钟左右为统计距离，统计了其方圆 500 米左右的现有商铺及住宅情况。商铺记录方式均以现场实地记录拍照方式采集，可能存在一铺多用及某些不正规但常年经营着店铺的情况，所以会与百度地图上的店铺标记或登记工商部门登记的情况有所出入。

学校附近商铺较多集中在乳山路、松林路、福山路和商城路，下文就对这四条路上的店铺进行整理。

2.2.1 乳山路商铺调查

此次调查的路段从崂山路乳山路到松林路乳山路，共计 117 家店铺，排名靠前的是餐饮 38 家、房产中介 11 家、服饰 12 家、美容美发 7 家、超市 6 家，黄金修理、五金店、开锁店、药房、洗衣店都有。乳山路可以说是非常成熟的生活一条街，吸引了附近几条街的居民。

7 家美容美发店中有 3 家是美甲店，我们以顾客身份进入这三家美甲店进行项目价格的调查，得到的结果如下表 2－1、图 2－2 所示。

· 7 ·

表 2-1　乳山路美甲店价格汇总表

乳山路美甲店价格汇总表				
店名	项目	价格(元)	折扣方式	门店大小
爱美专业美甲	足部护理	58	办会员卡打 8 折	15 平方米左右
	手单涂	50		
	睫毛嫁接	100		
	不基础护理	28		
CrazyNail 美甲沙龙	手单涂	98	12:00～16:30 单涂 68 元	20 平方米左右
	QQ 甲	68		
	修眉	15		
	无痛扎耳	10		
靓美甲	QQ 甲	58	办会员卡打 8 折	15 平方米
	脚 QQ	68		
	嫁接睫毛	200+		
	手部护理	30		
	修眉	10		
	腋下脱毛	680		

图 2-2　周边美甲店实际调研拍摄图

2.2.2 周边商铺租金调查

经过对周边商铺及房产中介的问讯，我们得知学校周边福山路商城路口附近 20 平米左右的非餐饮类店铺租金在 1 万元左右，30 平米左右非餐饮类商铺月租金在 2 万左右，餐饮类商铺价格在 2—3 万左右。靠近福山路张扬路口 30 平米左右非餐饮类商铺月租金在 3 万左右（那个路口几乎全部都是餐饮类商铺），东方路张扬路口 30 平米左右的商铺月租金在 3.5 万左右（不能做餐饮）。以上所有餐饮类商铺额外还需支付转租费 20 万—30 万元，非餐饮类商铺需要 2—6 万的店铺转让费。下图 2-3 为我们咨询的房产公司中介名片记录。

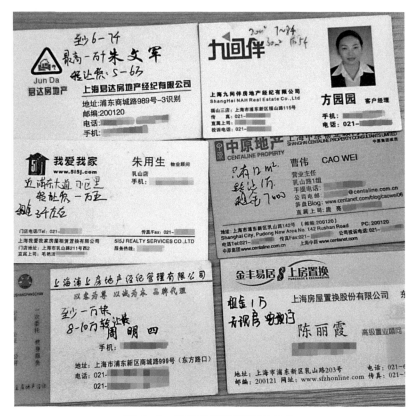

图 2-3 房产公司咨询记录名片

2.3 周边竞争对手分析

2.3.1 周边美容美甲店商铺调查

经过我们的调查，目前学校附近美容美甲店内开设的项目价格及美容美甲师的薪资如下表 2-2 所示。通过这些调查我们也可以了解现在市场的行情，所谓知己知彼百战不殆，也就是要先了解竞争对手的情况。

表 2－2　周边美容美甲店铺调查情况

				不同花色价格加价		
S. nail 美甲	QQ 甲底色	88	1. 充 1 000 打 9 折 2. 充 2 000 打 8 折 3. 充 3 000 打 7 折 4. 充 5 000 打 5 折	40 平米左右	4 000—6 000 不等 提成 20% 包住不包吃 学徒无工资 包住 转正签合同无交金	108—280 元 修形＋去死皮 38 元 贴片 10 元/只甲片 贴钻 5 元/个不等
	指甲油＋快干	30				
	QQ 甲彩绘、晕染	50				
	QQ 甲星空	100				
	法式	50				
	手足护理	98				
	睫毛嫁接	168				
色彩美甲	QQ 甲底色＋修形	88	暂无会员价节假日优惠	20 平米左右	3 000—6 000 不等 提成 15%—20% 包吃包住 转正签合同无交金	118 元起 贴片 2 元起不等 贴钻 5 元起不等
	修形＋OPI 甲油	30				
	无纸蜜蜡脱毛	98				
	无痕睫毛嫁接	198				
爱美专业美甲	足部护理	58	办会员卡打 8 折	15 平米左右	3 500—6 000 不等 提成 20%	100 元起 贴钻 8 元起
	手单涂	50				
	睫毛嫁接	100				
	不基础护理	28				
CrazyNail 美甲沙龙	手单涂	98	12:00—16:30 单涂 68 元	20 平米左右	2 500—3 000 不等 提成 25%	88 元起 去死皮 35 元 贴钻 10 元
	QQ 甲	68				
	修眉	15				
	无痛扎耳	10				

下页图 2－4 为我们进店内调查时的图片。

图 2-4　店内调查时的图片

2.4　周边公共交通情况调查

我们调查了店铺周边 500 米范围内的公共交通情况，从表 2-3 可以看出店铺周边的交通真的非常便利，贯穿了浦西浦东，可以说是四通八达了。

表 2-3　学校周边交通情况汇总表

车站名	车 辆 名 称	距离学校
地铁世纪大道站	地铁 2、4、6、9 号线	780 米
福山路商城路公交车站	609 路 639 路	63 米
商城路福山路公交车站	573 路，639 路，787 路，819 路，935 路，970 路，975 路，浦东 21 路，隧道八线	16 米

车站名	车　辆　名　称	距离学校
福山路张杨路公交车站	597路,609路,639路,790路,935路,隧道八线	300米
乳山路福山路公交车站	573路,787路,819路,970路,975路,浦东21路	327米
东方路张杨路公交车站	597路,610路,779路,819路,871路,936路,970路,978路,隧道八线,隧道九线	363米
东方路乳山路公交车站	573路,597路,610路,746路,819路,870路,871路,935路,936路,970路,975路,978路,989路,浦东21路,隧道八线,隧道九线	373米
张杨路福山路公交车站	130路,169路,170路,219路,630路,775路,783路,783路定班,785路,790路,961路,987路,隧道三线	385米
商城路东方路公交车站	787路,870路,浦东21路	400米
乳山路东方路公交车站	573路,787路,870路,935路,975路,浦东21路	401米

2.5　周边居民情况调查

本调查小组走访了店铺周边四家房产中介、沈福小区保安,电话咨询了陆家嘴街道办事处,经过了解,学校周边小区居民大致可以分为3类。

1. 租客类

由于紧邻陆家嘴商圈,周边小区内居民租房率达到了60%—70%,租客基本为本科或硕士毕业生,工作在陆家嘴或者张江、人民广场、徐家汇等地铁沿线的金融商圈。这部分租客具有一定的文化层次,非上海本市居民,刚毕业,收入除维持日常开销外还要支付房租。

2. 学区房类

学校处在三所幼、小、初名校的学区房范围内,部分家长选择购买这里的小户型(一房)学区房作为孩子的落户点,实际房屋是用来出租的,也有部分家长选择购买稍大面积(二房以上)户型自住。这部分居民具有一定的消费水平。

3. 自住类

这部分的住户较少,多为年纪较大习惯了周边生活圈的老年人,这部分住户中还有不少是孙子孙女或外孙外孙女读书户口需要落户。这部分居民消费水平较前两种居住者相对较弱。

第三章　市场营销策略

3.1　目标市场

美容美甲顾客中女性占绝大多数比重,但也不排除有美容、美甲需求的男性。所以我们的顾客是所有对美有追求的人士。

3.1.1　按时间划分的营销策略

消费者购买能力以及需求程度的不同会导致其对我们的商业模式的认知和态度存在差异,其购买行为和购买动机也存在着一定的区别,各自具有独特的需求。

我们工作室处于繁华地段中人流量相对较少的位置,因此为了扩大和招揽客户群,我们分以下几个时段吸引不同特点的顾客:

非繁忙时间段(9:00—13:00):同等价值买一赠一的活动对周边白领、阿姨妈妈、大学生真的是具有非常大的吸引力。这一活动我们只需要在微信圈里晒出广告,然后客户之间就会口口相传,这部分客人时间较为充裕,能在我们的非繁忙时间段来接受美容美甲服务,通常都是3—4个好朋友相约而来,同时她们对价格的敏感性很强,所以我们采取低价的策略吸引这部分客户群。

繁忙时间段(14:00—22:00):我们将在一些知名度较高的团购网站上提供"团购美甲套餐",目前初定的有拉手网、美团网、大众点评网这三家团购类网站。同时将在唯品会、聚划算上提供折扣的"团购美甲套餐",之所以选择这两家平台是因为虽然他们收的返点较高,但他们也的的确确有着庞大的客户群。这部分顾客相对大学生而言,我们的收费要略贵一点。

我们同时还将为在淘宝网店中购买我们指甲油类产品的客户提供1次免费的手部护理和涂甲油服务(门店价值38元),这样我们就能成功地把线上客户带到店里,开发出她们的其他需求,如指甲贴花、贴钻、美睫等。

3.1.2　市场定位

我们初期将自身定位在满足中低档的用户。为何不将自身定位在低档是因为低档美甲店大都开在七浦路,这些美甲师大都以刺刀见红的价格挑战价格的底线,使用的产品和工具的质量也只能睁一只眼闭一只眼了,这样的市场太过血腥、回头客也较少,大都是一次性消费,更重要的是利润空间太小。为何不将自身定位在中偏高端的市场,是因为中偏高端的客户一般去私人会所和大型机构进行美容美甲,她们对美容美甲的环境要求比较苛刻,创业初期我们无法满足这样的客户需求。

我们以中低档的价格让消费者在中高档的装修店面中享受到中高档的服务,让她们占足便宜!

3.2　市场推广策略

3.2.1　大众点评网上口碑推广

美甲是一个用户体验极强、对美甲师的技术水平能力要求较强的项目,一般用户进店之前都会使用大众点评来查阅这家店的收费情况、用户口碑和价格。如果用户口碑好并且价格令人满意的话，一般就会促成进店交易了。所以我们非常注重在大众点评上的口碑营销，也对此进行了相应的活动，诸如好评返券、好评现抵扣等活动。图3-1、图3-2、图3-3是大众点评的用户反馈截图。

图3-1　大众点评内截图

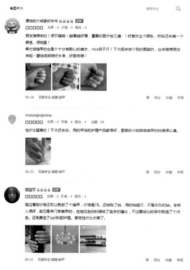

图3-2　大众点评的用户反馈截图

图3-3　大众点评的用户反馈截图

3.2.2 百度地图营销

除了在大众点评营销外我们还在百度地图上进行了地图营销,现在出门在外或者想找家周边具有服务性的某些商店,都是通过地图搜索的,如果地图上能有我们店标的话,对店铺的线下生意也是有很大帮助的,下图3-4、图3-5、图3-6、图3-7、图3-8是在百度地图上进行的营销活动截图。

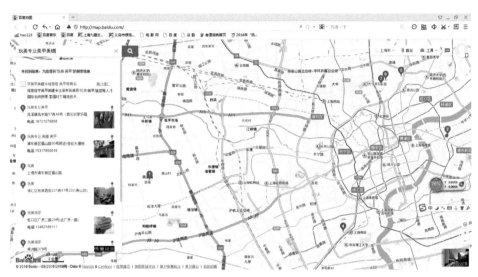

图3-4 店铺周围竞争对手分析图

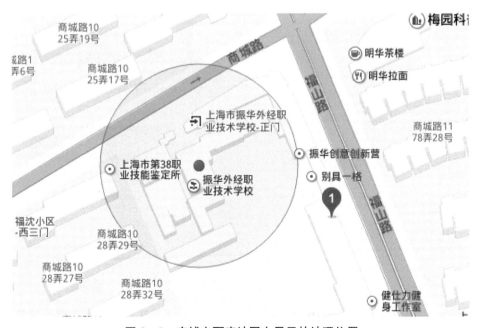

图3-5 店铺在百度地图上显示的地理位置

图 3-6　在百度地图上进行营销活动的截图 1

图 3-7　在百度地图上进行营销活动的截图 2　　图 3-8　在百度地图上进行营销活动的截图 3

3.2.3 加入 CPMA

2016 年美甲帮联合美团大众点评、国内的品牌商和培训学校联合推出 CPMA 认证。CPMA 是中国美甲界的 ISO 认证体系，通过标准认证解决产品、技能认证、美甲师成长体系的问题。随着 CPMA 逐步发展成国内全美甲行业公认的培训体系和认证标准，通过认证来规范行为，形成标准，从而约束组织内部的成员行为，进而推进整个美甲行业正规有序地发展。

加入了这一机构就像有了一种认证，一种证明自己是标准、有序、合格的产业，所以我们也在努力学习和加入该体系。

第四章 团队及公司人事

4.1 成员介绍

以下为本团队成员及在项目中的分工：

表 4-1 本团队成员及在项目中的分工

姓名	专业	分工
刑文杰	14 电子商务 1 班	美睫、网店经营
罗 兰	14 美体 2 班	美甲
佟博文	15 电子商务 2 班	网络营销
蔡蕴灵	16 中高影视	美睫、商品采编
彭 丹	14 美体 2 班	美甲、美睫

4.2 员工工资体系和绩效考核

员工工资体系采用底薪＋绩效提成的方式。

底薪根据员工的技术级别、职务级别和工作年限分为若干档，具体的定价可依据实际情况制定。

提成为综合绩效提成，是指美甲师服务收费、产品销售、会员办卡等合计的绩效。为了强化美甲师的促销意识，提成可采取累计提高制度。即制定一个基本任务值：例如2 000 元，未达到 2 000 元，仅发底薪，连续 3 个月未达到就辞退。完成基本任务值，除发底薪外，按一定比例分档提成，如达到 3 000 元，3 000 元全部按照比例 10％提成，达到 4 000元，4 000 元以上部分按照 15％提成，达到 5 000 元，5 000 元以上部分按照 20％提成，依次类推，调动员工的销售意识。

第五章 工作室运营情况

5.1 工作室地理位置

前文已经多次提到，本工作室依托于振华创建的"振华淘宝创意创新营"，故选址在商城路张杨路口，一楼门面 16 平米左右作为客户接待区，二楼约 20 平米作为电子商务区。下图 5-1 为工作室地理位置图。

图 5-1　工作室地理位置图

5.1.1　工作室外墙实景图

图 5 - 2　工作室外形

5.2　工作室装修设计及实景图

5.2.1　工作室模拟平面设计图

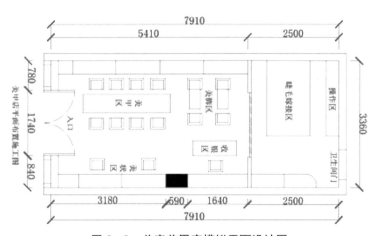

图 5 - 3　美容美甲店模拟平面设计图

5.2.2 工作室实景图

下图是店内有客人时拍的图片,图 5-4、图 5-5、图 5-6 是三位工作人员穿着统一的工作服在店内服务及培训时的图片。

图 5-4　工作室实景图 1

图 5-5　工作室实景图 2

图 5-6　工作室内培训图

· **21** ·

5.4 美甲美睫项目价格及标准工作流程

表5-1 美甲美睫项目价格及标准工作流程

项目编号	项目英文名	项目名称	项目操作过程	非会员价	会员价
GK1	COLORING	涂指甲油	消毒＋做型＋热毛巾＋底油＋涂指甲油＋亮油	￥38.00	￥26.00
GK2	FRENCH COLORING	涂法式指甲油	消毒＋做型＋热毛巾＋底油＋法式指甲＋亮油	￥58.00	￥40.00
GK3	HAND MASSAGE	手部按摩	消毒＋除角质＋热毛巾＋手膜（水分滋养）＋热毛巾＋按摩	￥65.00	￥45.00
GK3-A	HAND AROMA MASSAGE	手部精油按摩	消毒＋除角质＋热毛巾＋手膜（水分滋养）＋热毛巾＋精油按摩	￥95.00	￥66.00
GK4	BASIC MANICURING	基础护理	消毒＋做型＋浸手＋剪指皮＋消毒＋热毛巾＋护甲底油	￥75.00	￥52.00
GK5	BASIC MANICURING+ COLORING	基础护理＋涂指甲油	消毒＋做型＋浸手＋剪指皮＋消毒＋热毛巾＋底油＋改变指甲颜色＋亮油	￥95.00	￥66.00
GK5-1	BASIC MANICURING+ HAND MASSAGE	基础护理＋手部按摩	消毒＋做型＋浸手＋剪指皮＋消毒＋热毛巾＋除角质＋手膜（水分滋养）＋热毛巾＋按摩＋护甲底油	￥100.00	￥70.00
GK5-A	BASIC MANICURING+ HAND AROMA MASSAGE	基础护理＋手部精油按摩	消毒＋做型＋浸手＋剪指皮＋消毒＋除角质＋热毛巾＋手膜（水分滋养）＋热毛巾＋精油按摩	￥130.00	￥91.00
GK6	BASIC MANICURING+ FRENCH COLORING	基础护理＋涂法式指甲油	消毒＋做型＋浸手＋剪指皮＋消毒＋热毛巾＋底油＋法式指甲＋亮油	￥110.00	￥77.00

· 22 ·

续　表

项目编号	项目英文名	项目名称	项目操作过程	非会员价	会员价
GK7	BASIC MANICURING+HAND MASSAGE+COLORING	基础护理＋手部按摩＋涂指甲油	消毒＋做型＋浸手＋剪指皮＋消毒＋除角质＋热毛巾＋手膜（水分滋养）＋热毛巾＋按摩＋底油＋改变指甲颜色＋亮油	￥120.00	￥84.00
GK7-A	BASIC MANICURING+HAND AROMA MASSAGE+COLORING	基础护理＋手部精油按摩＋涂指甲油	消毒＋做型＋浸手＋剪指皮＋消毒＋除角质＋热毛巾＋手膜（水分滋养）＋热毛巾＋精油按摩＋底油＋改变指甲颜色＋亮油	￥150.00	￥105.00
GK8	BASIC MANICURING+HAND MASSAGE+FRENCH COLORING	基础护理＋手部按摩＋涂法式指甲油	消毒＋做型＋浸手＋剪指皮＋消毒＋除角质＋热毛巾＋手膜（水分滋养）＋热毛巾＋按摩＋底油＋法式指甲＋亮油	￥140.00	￥98.00
GK8-A	BASIC MANICURING+HAND AROMA MASSAGE+FRENCH COLORING	基础护理＋手部精油按摩＋涂法式指甲油	消毒＋做型＋浸手＋剪指皮＋消毒＋除角质＋热毛巾＋手膜（水分滋养）＋热毛巾＋精油按摩＋底油＋法式指甲＋亮油	￥170.00	￥119.00
GK9	BASIC MANICURING+HAND ARPMA MASSAGE+PARAFFIN+COLORING	基础护理＋手部按摩＋手腊＋涂指甲油	消毒＋做型＋浸手＋剪指皮＋消毒＋除角质＋热毛巾＋手膜（水分滋养）＋热毛巾＋按摩＋手腊＋底油＋改变指甲颜色＋亮油	￥158.00	￥110.00
GK9-A	BASIC MANICURING+HAND AROMA MASSAGE+PARAFFIN+COLORING	基础护理＋手部精油按摩＋手腊＋涂指甲油	消毒＋做型＋浸手＋剪指皮＋消毒＋除角质＋热毛巾＋手膜（水分滋养）＋热毛巾＋精油按摩＋手腊＋底油＋改变指甲颜色＋亮油	￥188.00	￥131.00

·23·

续　表

	足护理系列			非会员价	会员价
GP1	COLORING	足部涂指甲油	消毒＋做型＋热毛巾＋底油＋改变指甲颜色＋亮油	￥65.00	￥45.00
GP2	BASIC PEDICURING ＋COLORING	基础护理＋涂指甲油	消毒＋热毛巾＋做型＋剪指皮＋消毒＋热毛巾＋底油＋改变指甲颜色＋亮油	￥130.00	￥91.00
GP3	BASIC PEDICURING ＋SOFTENING ＋COLORING	基础护理＋除角质＋涂指甲油	消毒＋热毛巾＋做型＋剪指皮＋消毒＋除角质＋热毛巾＋底油＋改变指甲颜色＋亮油	￥215.00	￥150.00
GP4	BASIC PEDICURING ＋SOFTENING ＋MASSAGE ＋COLORING	基础护理＋除角质＋按摩＋涂指甲油	消毒＋热毛巾＋做型＋剪指皮＋消毒＋除角质＋按摩＋底油＋改变指甲颜色＋亮油	￥265.00	￥185.00

第六章　投资分析

6.1　主要财务假设及其预期

"玩美——专业美甲美睫"工作室，由4名组员共同投资，其他成员因为加入时间比较晚目前只有提成，店铺每个月都会拿出净利润中的30%对初创成员进行分红。日常如果是兼职员工每单会有60%的提成，如果是自己内部员工每单有20%的提成。

由于我们获得了学校门面房使用的资格，所以成本里没有房租这项，房租对于其他同地段的美甲店而言都是非常巨大的成本，这为我们初创打开市场带来了极大的便利。

我们初始将投入5万元作为投资资金。2万元作为店铺装修费用，2万元作为流动资金，1万元备用。工作室前半年试运营，主要针对白领、网络团购、淘宝网店销售的产品进行线下服务。从第7个月开始扩大范围进行市场扩展，大力向其他高校及线下推广，并同时维护线上的网络销售份额。

6.1.1　营业收入

最开始的1个月我们的收入是非常少的，每天来的客人只有一两个，整个月我们的收入都只有1 200元。更多的是走过看看，但逐渐随着我们在大众点评的口碑营销以及百度地图上的推广，慢慢周边的客户就会过来从最简单的涂单色试试看，这时候我们都会赠送她们一张5元、10元的优惠券，就这样慢慢地人气开始上升，到后来每天4、5个客人。再后来，我们打出了非黄金时间段买一送一的活动，人气一下子爆棚，虽然买一送一我们会很辛苦，但是美甲本身材料费很便宜，就是个靠手工、靠时间赚钱的行当，对于初创的我们来说单笔少赚一些总比没得赚来的好，目前我们平均每天可以做到15—20个客人左右，人均消费在100元左右，扣除20%的提成，目前可以达到净利润三四万元左右。

6.1.2　成本费用计划表

表6-1　成本费用计划表　　　　　　　　　　　　　　　　单位：元

年份	第一年				第二年				第三年
	第一季度	第二季度	第三季度	第四季度	第一季度	第二季度	第三季度	第四季度	
管理费用：	6 000	6 000	6 000	6 000	6 000	6 000	6 000	6 000	24 000
日常费用	3 000	3 000	3 000	3 000	3 000	3 000	3 000	3 000	12 000
其他费用	3 000	3 000	3 000	3 000	3 000	3 000	3 000	3 000	12 000
应付职工薪酬：	22 500	22 500	22 500	22 500	22 500	22 500	22 500	22 500	90 000
人员工资	22 500	22 500	22 500	22 500	22 500	22 500	22 500	22 500	90 000

年份	第一年				第二年				第三年
	第一季度	第二季度	第三季度	第四季度	第一季度	第二季度	第三季度	第四季度	
销售费用:	0	0	0	0	0	0	0	0	0
合计	28 500	28 500	28 500	28 500	28 500	28 500	28 500	28 500	114 000

注：管理费用中包含了日常费用和其他费用。日常费用包括水电一类,每月估计在 1 000 元左右,其他可能出现的费用,每月也在 1 000 元左右。

应付职工薪酬：预测公司成立的 3 年来,公司一共招收美甲师 2 人,每人每月工资为 3 000 元。其他三名创业实习生每人每月实习工资在 500 元左右。

6.2　预测利润表

表 6-2　预测利润表单位/元

年份	第一年					第二年					第三年
	第一季度	第二季度	第三季度	第四季度	合计	第一季度	第二季度	第三季度	第四季度	合计	
一、营业收入	27 000	54 000	81 000	81 000		81 000	81 000	81 000	81 000	324 000	324 000
减：主营业务成本	5 500	5 500	5 500	5 500	5 500	5 500	5 500	5 500	5 500	5 500	5 500
销售费用	0	0	0	0		0	0	0	0		0
管理费用	6,000	6,000	6,000	6,000		6,000	6,000	6,000	6,000		24 000
人工费用	22 500	22 500	22 500	22 500		22 500	22 500	22 500	22 500		90 000
财务费用	0	0	0	0		0	0	0	0		0
二、营业利润	−45,000	21 500	48 500	48 500		48 500	48 500	48 500	48 500		197 000
加：营业外收入	0	0	0	0		0	0	0	0		0
减：营业外支出	0	0	0	0		0	0	0	0		0

续　表

年份	第一年					第二年					第三年
	第一季度	第二季度	第三季度	第四季度	合计	第一季度	第二季度	第三季度	第四季度	合计	
三、利润总额	−70,000	19 500	46 000	46 000		46 000	46 000	46 000	46 000		46 000
减：所得税	0	0	0	0		0	0	0	0		0
四、净利润	−70,000	19 500	46 000	46 000		46 000	46 000	46 000	46 000		46 000

1）营业收入：第一季度为 27 000 元左右，从第二季度为 54 000 左右

2）主营业务成本：主要是售卖的一些美甲油等器件

3）人工费用：包括 2 名美甲师，每名一个月 3 000，实习生 4 名，每名 500 元

4）所得税这里按照你们实际情况来定，如果企业没有免税条件的话要交利润总额的 25% 的所得税，净利润就是利润总额减去所得税。

5）经过以上分析数据，公司起初的第一季度无利润，但是从第二季度起，公司的净利润将会有上升显现，并且在第三季度时公司的净利润将由负转正。因而公司的预期收益还是非常可观的，并且能在较短时间内达成。

第七章　玩美
——专业美甲美睫的淘宝店铺

以下图片是我们仿照淘宝上目前较为知名的几家美甲店页面设计模式制作的第一版的淘宝店铺图片,目前正在进行第二版的制作。

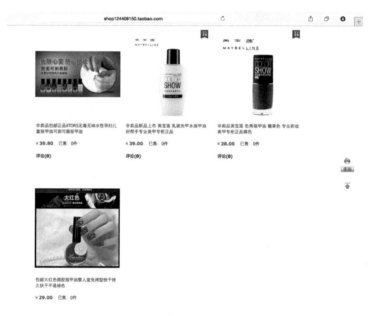

图 7 - 1　第一版的淘宝店铺图片 1

图 7 - 2　第一版的淘宝店铺图片 2

图 7 – 3 第一版的淘宝店铺图片 3

图 7 – 4 第一版的淘宝店铺图片 4

图 7 – 5 第一版的淘宝店铺图片 5

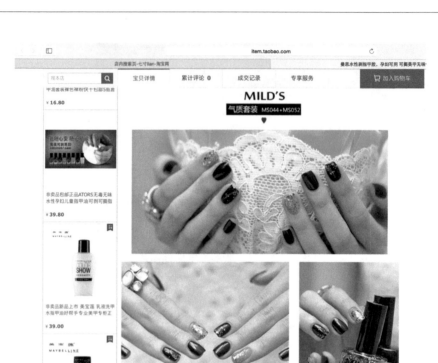

图 7-6　第一版的淘宝店铺图片 6

图 7-7　第一版的淘宝店铺图片 7

第八章 我们这一年的历程

8.1 主营业务的变革

经过一年磕磕绊绊的运营，我们对类似店铺进行调查后发现，相对于美甲来说，美睫能更直接地让别人感受到接受美睫客户的变化，眼睛会特别有神。对于办公室白领一族来说，同样的价格如果只能在美甲和美睫中二选一的话，她们更多的是选择美睫。

在技术上，美睫相对于美甲更多需要的是细致和耐心，对于美感这一仁者见仁智者见智的问题就显得不那么明显。我们在学习美甲美睫的过程中也有此感受。简而言之就是美睫比美甲更简单，只是耗费的时间更长，但单项收费也更高。

所以我们现在的主要商业模式仍然是基于电商平台，但主营业务变成了美甲、美睫，预期美睫占到总业务量中的 60%—70%，这一改变直接将我们每月 1 万不到的营业额激增到了 2 万左右。

8.2 学习成长的印记

图 8-1 学习成长的印记　图 8-2 学习成长的印记 图 8-3 学习成长的印记

· 31 ·

121

（四）《玩美——专业美甲美睫》案例点评

作者使用美甲这个项目计划书作为案例之一并不是因为它非常的完美，事实上市场上比它运作得好的美甲店比比皆是。选它一是因为它是作者指导的项目，不涉及版权。二是它的运营模式较为简单，不涉及技术壁垒或渠道之类的壁垒，具有较大的普遍性和可复制性。并且，该项目有着较细致的"前期调研"，不仅调查了店铺周边所有同类店铺的项目、价格、美甲师薪资等，更难得的是他们没有被创业的激情冲昏头脑，而是继续选择在类似的店铺"潜伏"半年学习别人店铺运营的过程，吸取经验。这样可以大大减少自己开店时的风险。

在人员配置上实行了"强强合作"的模式，由美体和电商专业的同学一起创业，各司其职，发挥各自专业上的特色。财务上，由于获得了学校创业园的支持免了3年房租，使得他们平稳地踏出了创业的第一步，按目前的财务状况来看盈利势头良好。第一家店成功运营的经验可以运用在将来的第二、第三家分店中。

（五）《玩美——专业美甲美睫》案例讨论

1. 请结合创业计划书分析，这些同学为什么会选择开美甲店而不是奶茶铺、首饰店或其他店铺呢？

2. 请在计划书中查找，这些创业的同学在店铺周边做了哪些调查，这些调查起到了什么作用？

3. 请分析一下，这些同学为什么要在其他美甲店中"潜伏"？

4. "玩美"房屋的使用权是怎样的？需要房租吗？

5. "玩美"在哪些线上平台进行了哪些宣传？

6. 标准化的美甲操作流程与工具起到了什么作用？

7. 请在计划书中找找，如何提高客户的到店体验，这对店铺意味着什么？

8. 店内成员是如何分工的？

9. "玩美"的目标客户群和市场定位是什么？

10. "玩美"的营销策略是什么？

11. 请结合创业计划书分析，"玩美"为什么要做主营业务的变革？变革带来了什么？

12. 这个团队的核心竞争力是什么？

13. 请你帮助"玩美"，找找店铺中还存在哪些问题，该如何改进？

14. 请结合自己的思路尝试编写限时5分钟的PPT演讲稿。

四、 创业计划书示例——《草莓卫士》

（一）《草莓卫士》案例简介

安徽省长丰县，是全国草莓生产第一大县，长丰草莓属于中高档草莓。项目所在的长丰县水湖镇阮巷草莓批发市场是长丰县最大的草莓批发市场，日交易量60多万斤，农历正月达到80多万斤。

团队自主设计的草莓卫士——长途运输箱有效解决了现有的木运输箱草莓损毁率较高、商户需多次使草莓"搬家"造成的人为损毁率偏高的问题，有效地改善了草莓批发流程，降低了草莓一级批发商的损毁率及包装成本；将二级本地批发商的损毁率降至了"0"，缩减了其"草莓搬家"的人工成本；增加了运输司机的灵活性，使其回程仍能拉货；同时为草莓批发市场提升服务项目，提高了租金收益。

经过2014、2015年各为期4个月的草莓季的运作，该团队目前销售的草莓卫士2代，保守估计,已经累积达到 600 多万个,净利润超过 400 万元人民币。

(二) 项目所获奖项

图 5‐4　2016 年"上海挑战杯——彩虹人生"特等奖证书

图 5‐5　2016 年"挑战杯——彩虹人生"全国大赛二等奖证书

（三）《草莓卫士》创业计划书样本

《草莓卫士》创业计划书

——我们不生产草莓，我们只是草莓的守护者

组　　员：孙佳康、顾惜时、王家豪、程家凤、范小勇

指导教师：汪　婷

二〇一六年三月二十日

目 录

第一章 执行摘要

1.1 项目简介

我们不生产草莓，我们只是草莓的守护者。

安徽省长丰县是全国草莓第一大县，长丰草莓外观美艳、风味浓郁，属于中高端草莓。我们所在的水湖镇阮巷草莓批发市场占地 30 多亩，是长丰县最大的草莓交易中心，每天有将近 60 万斤左右的草莓被运往北京、天津、上海等地，最高峰的时候也就是正月十五之后每天能达到 70 万—80 万斤，总销售额破千万。

本项目主营业务是为阮巷草莓批发市场的一级批发商提供更适合草莓长途运输的内、外包装盒。经过 2 年的累积，我们已经有 10 款适合批发的常规包装盒，2 款适合草莓网商的快递运输包装盒。

同时我们改善了草莓批发流程中损耗率较大的问题（具体流程见 4.1），我们将一级大批发商运输中的草莓损毁率下降了 3%，并将其运输包装成本降为"0"，将二级当地批发商"挪草莓"7% 的损耗率降为"0"，加快了整个批发流程的进度。从批发市场、运货司机到一级批发商、二级当地批发商，我们在各方面都节约了成本产生了共赢的局面，具体如表 1-1 所示。

表 1-1 草莓批发流程更改后各角色成效表

	一级批发商	当地批发商	司机	批发市场
运输	降低运输成本 运费便宜 600 元/车		灵活性更高 回途也可拉货 增加了收入	更便于协调 有更多司机可调度
包装	费用转当地批发商 取消了打箱费	不增加包装 成本		
损耗	由 4% 降至 1%	降低了 7%，0 损耗		
服务及口碑	提升了服务及口碑	提升了服务及 口碑		吸引人气 增加租金

1.2 项目背景

草莓卫士的起因是项目负责人孙佳康家里的关系，寒假在老家的阮巷草莓批发市场帮家里干活时,发现市场内商户每年都需要好多木箱子用来装草莓,在和送货司机聊天过程中经常听到司机说这边草莓运到当地之后有很多被压坏。长丰的草莓质量很好,价格自然也高。自家也是种草莓的,孙佳康就觉得用木箱子运输是造成草莓路上损毁率较大的原因,而且市场里每天都有很多因为被"挪来挪去"而卖不出去的草莓,他心里觉得非常舍不得。当他把这一想法告诉小伙伴后,这个项目的雏形就出现了。项目小组经过讨论想到改变现有的包装来减少运输过程中草莓的损耗,同时减少了"挪"的次数。

在有了创业想法之后我们便与批发市场内的商户、运输司机沟通,再去了当地二级批发市场进行调研,了解了整个过程后发现我们的创意是可实施的。然后与孙佳康的舅舅——阮巷草莓批发市场开发者进行沟通,他给予了我们资金和场地上的支持,如前期投资,批发市场户外空间免费使用等。

1.3　财务情况

本项目大部分的成本在于模具制作,每一个模具的开模费用都在 3—4 万元,同时还要再加上一个模具一车可装 3 万左右的货。我们前期报废的模具有 5 个,也就是 35 万左右的亏损。目前为止结合商户的要求,我们提供的包装盒模板已经固定在 10 个样式,成功模具的开模费为 40 万。

项目初期投资 40 万,全额由孙佳康舅舅出,经过协议,我们项目组的其他 3 位成员均可在当年的草莓季结束后获得盈利中 5%—10% 的提成,具体提成额按总销售额定。

经过 2014 年、2015 年 2 个草莓季的运营,各种规格草莓卫士的销售总量超过了 750 万个,扣除了模具的损耗、人工,保守估计净利润超过 350 万。

1.4　组织与人力资源

本项目的负责人是孙佳康,由他进行草莓卫士的设计,和负责与投资方——他舅舅的沟通协调;顾惜时和熊旭进行前期商户需求的调研和与设计厂家沟通;程家凤负责项目记账和文案协调工作。

第二章　市场分析

2.1　安徽省长丰县水湖镇草莓产业现状

本项目所在的长丰县，位于安徽省合肥市北部，其生产规模已经从原先安徽省之首跃居为全国草莓第一大县，是全国草莓生产第一大县，素有"中国草莓之乡"的美誉。2015年，长丰县草莓种植面积达 20 万亩，主要以"红颜"、"丰香"等鲜食品种为主，预计总产量将突破 35 万吨，产值达 45 亿元。全县共有草莓种植户 8 万多户、从业人员 17.5 万人、受益农民达 36 万人，涌现出水湖、罗塘、左店、杜集、义井 5 个草莓万亩乡镇，形成了"乡乡有莓园"、"村村有种植"的良好局面，产业集聚效应凸显，连续多年稳居全国设施草莓第一大县，全县农民人均纯收入近一半来自草莓产业。

长丰草莓美于型、甜在心、果实色泽艳丽、柔软多汁，风味芳香，营养丰富，富含多种矿物质，曾在北京人民大会堂、北京钓鱼台国宾馆举办推介会，多次通过中央电视台、新华社、省电视台、省电台、市电视台、市电台以及《安徽日报》、《合肥晚报》等新闻媒体进行宣传。

2000 年长丰县草莓协会挂牌，2003 年被国家质监局定为标准化开发生产示范区，2004 年被农业部认定为无公害农产品，2005 年被授予国家级绿色食品。2006 年被国家标准委授予国家级无公害草莓标准化生产示范区，2007 年"长丰草莓"被国家工商总局批准为草莓原产地保护商标，同时被国家技术监督总局批准为地理标志产品，确定为安徽省著名商标，经评估品牌价值达 24.27 亿元。全县 70％草莓果品销往京津地区，20％销往沪宁地区，并成功进入麦德隆超市华东区 16 家连锁店。下图 2 - 1 为长丰草莓品牌在 2014 年中国农产品区域公用品牌价值评估中的价值证书。

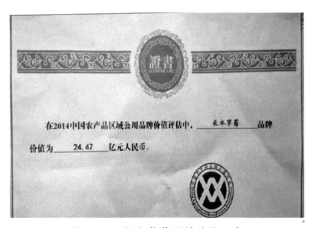

图 2 - 1　长丰草莓品牌价值证书

水湖镇位于长丰县北部,面积 121.8 平方公里,辖 24 个村委会,9 个居委会,总人口 12 万人,耕地面积 7.3 万亩。水湖镇种植草莓已有二十多年历史了,2008 年草莓种植面积 4 万亩,占整个长丰县草莓种植面积的 2/3 以上,年销售收入达 3 亿元以上,草莓已成为水湖镇农业产业特色经济标杆,其产品热销京津等全国大中城市,并出口日本、韩国。水湖镇的蝶恋花草莓园是长丰县兴农草莓专业合作社于 2010 年创建,并通过国家级蔬菜(草莓)标准园验收。草莓园核心区面积 610 亩,草莓种植主导品种为"红颜"、"丰香"、"章姬"等。园内基础设施配套建有水泥机耕路、砂石采摘路、排灌水渠和机井等,总投资 900 万元,示范辐射区面积 3 000 亩。园区配套设施完善,建有垃圾处理中心,集中消除园区生产废弃物,保障园区农业生产安全。整个园区实现太阳能土壤消毒、大棚设施三膜覆盖栽培(外膜+内膜+地膜)、滴灌设施使用、蜜蜂传粉、防虫网使用、水肥一体化等技术全覆盖。全面推广使用先进、成熟的新品种、新技术和新设施,极大地提高园区草莓标准化生产技术水平,在同行中处领先地位。这些技术手段都是为了确保水湖镇生产的草莓质量。

2.2　安徽省长丰县草莓批发市场竞争对手调研

安徽省长丰县草莓批发市场共有 3 家,全部位于水湖镇,三者地理位置关系如下图 2-2 所示。图中红色 1 显示的是水湖镇阮巷草莓批发市场、图中红色 2 显示的是张祠水果草莓批发市场、图中红色 3 显示的是罗塘乡兴农草莓瓜果批发市场。

图 2-2　安徽省长丰县 3 家草莓批发市场位置图

2.2.1 水湖镇阮巷草莓批发市场分析

阮巷村是水湖镇城郊村,耕地面积 2 853 亩,总人口 2 460 人,种植草莓已有二十多年历史,早在 2002 年阮巷村就在全镇率先建起了市级农业产业园,园内建有 GRC 大棚 120 亩。交通方面,水湖镇现已沿水大路、311 省道、水九路等道路两侧建成了 5 个草莓精品园区,园区建有旅游采摘道路,吸引了广大市民前来观光采摘。今年入春以来,共接待游客 1.5 万人次,高峰期一天接待游客 500 多人次,草莓旅游收入达 120 万元。

湖镇阮巷草莓批发市场投资 45 万元,占地 30 多亩,是长丰县最大的草莓交易中心,每天有将近 60 万斤左右的草莓运往北京、天津等地,最高峰的时候也就是正月十五之后,每天能达到 70 万—80 万斤运往北京、天津、上海等地,正月里日销售额破千万。图 2-3 为本项目负责人孙佳康在阮巷草莓批发市场内调研的照片。图 2-4 为春节期间阮巷草莓

图 2-3　孙佳康在阮巷草莓批发市场调研照

图 2-4　春节期间阮巷草莓批发市场实景图

图 2-5　批发商草莓装箱图

批发市场实景图。图 2-5 为批发商在市场租借的摊位中装箱的图。

2.2.2　水湖镇张祠水果草莓批发市场分析

张祠乡，位于县城水湖镇的西大门，总面积为 67.4 平方公里，辖 17 个行政村，218 个村民小组，现有耕地面积 4 万 7 千多亩。张祠乡交通状况良好，乡政府所在地建在 S311 省道上，距水湖镇 2 公里。S311 省道横穿本乡 6 个行政村，县道水庄路、兴马路、水九路横穿本乡 5 个行政村。全乡 17 个行政村，目前已有 14 个行政村铺设了砂石路。

这个草莓批发市场建设得较早，配套设施和路况相对较差，所以批发量非常少，价格相对其他地方较为便宜。多为一些年龄较大的老人直接卖给当地批发商，这些当地的批发商再拉到阮巷草莓批发市场卖给外来批发商。

2.2.3　罗塘乡兴农草莓瓜果批发市场分析

罗塘乡位于长丰县的西北部。乡域面积 136.4 平方公里，其中耕地面积 10.1 万亩，总人口 7.2 万人，辖 25 个行政村。乡政府所在地罗塘寺距合肥 65 公里，淮南 30 公里，水家湖 10 公里，寿县城 45 公里。206 国道（合淮段）贯穿南北，合淮阜高速、淮南铁路、311 省道穿境而过，交通便捷，区位优势明显。罗塘是农业大乡，大宗农作物以水稻、小麦、玉米、棉花为主。近年来，通过产业结构调整，草莓、马铃薯、甜叶菊等特色经济作物不断壮大，被称为"水果皇后"的草莓在罗塘有着 15 年的种植历史，现种植面积已超过 3 万亩。

该水果批发市场于 2012 年建成，人气较少，基本没有形成规模，所以商户大都还是选择去阮巷草莓批发市场卖。

2.2.4　长丰县三大草莓批发市场对比

通过前文我们可以看出，三大市场内阮巷从面积到交易量都是最大的，同时市场配有草莓包装和运输服务；张祠价格较低，成了当地草莓批发商收货的场所，交易量非常小，所以几乎没有外省收购者，没有配套服务；兴农建成较晚，人气较少，没有形成规模。下表

· 9 ·

2-1为长丰县三大草莓批发市场对比表。

表2-1 长丰县三大草莓批发市场对比表

	阮巷	张祠	兴农
地理位置	一样	一样	一样
批发量	最大	量小	非常小
采购人群	外省批发	本省批发	小额批发
配套服务	包装、运输服务	无	无
知名度	最高	第二	几乎没有

2.3 阮巷草莓批发市场详细调查

2.3.1 草莓运输司机的想法

我们采访了若干常年在多个草莓批发市场提供运输服务的司机，他们大都有5—10年不等的草莓运输经验。下图2-6为项目组成员孙佳康与运输司机谈话时拍摄的照片。

图2-6 孙佳康采访货运司机照片

从采访中我们得知，安徽及安徽附近较大的一级草莓批发市场大都不注重草莓的包装方式。大批发商可能一家包一辆大吨位的车运输，更多的是几家批发商合用一辆运输车。司机送完用木箱子装的草莓后当天必须再拉着这些空箱子赶回当地的批发市场，把木箱子还给批发商，这样司机回来的时候就不能顺带也拉点货，如果不用把箱子拉回来，

· 10 ·

司机回来的时候就有可能再拉点其他的货,运输的司机也会有更多的选择。批发商等着这些木箱子再做第二天的装箱和运输,对运输司机而言灵活性就有点欠缺。

2.3.2　批发商使用木箱子的原因

调查的时候我们隐藏了自己的身份,和这些一级批发商解释是学生做学校布置的市场调查,他们就降低了警惕性,比较配合。我们了解到这些批发商大都自草莓上市起便带上工人租住在批发市场内,从市场外购买木板自己打成木框进行批发,如右图2-7所示。经过长途运输,这类容器对草莓的损毁率在4%左右,到达目的地后再由当地批发商将一级批发商木箱子里的草莓挪到自己的容器中去,这样就会产生二次7%左右的损耗。

图2-7　长途运输草莓木框

我们也有问这些一级批发商,为何不直接使用二级批发商转箱所用的泡沫塑料作为运输容器,这样运费也便宜些,木箱子也不用再每天来回倒腾,得到的回答是"不方便"。泡沫塑料盒子可以降低一部分路上的损耗和避免了二次转运的损耗,但问题是泡沫箱子的体积非常大,需要较大的存储空间,又不能像木箱子一样放在室外贴上名字就没人会拿。泡沫箱子放在室外不方便,脏且不说还容易坏,容易被偷,总而言之就是"不方便",下图2-8为我们的泡沫塑料运到批发市场时的情况。批发商每天需要箱子的量又比较大。这就造成了一个供需的真空地带,也就是我们项目的起源。

市场的摊位一般都是按面积计算,然后一年一租的,导致这些卖泡沫塑料包装盒子的商家进驻的成本较贵,所以就没人来做这个。

图2-8　泡沫盒子堆放在批发市场室外照片

第三章　草莓卫士产品分析

3.1　草莓卫士产品发展

当我们发现了市场的真空点，经过一定的调查发现了可行性后就开始寻找最适合草莓的运输盒，在最一开始我们团队是有过分歧的，一部分认为要定制，这样可以更好地满足不同客户的需求。一部分觉得开模成本太高，定制的和供应商已经生产出来盒子的品类没有太大区别。

在与批发市场老板商定后我们选择了双管齐下，即对于有特殊要求的客户我们进行包装盒定制，对于无特殊要求的客户我们使用普通规格的包装盒。

3.1.1　失利的草莓卫士一代

之所以说这是失利的草莓卫士一代，这和我们最初的商业模式有着一定的关系。在通过草莓批发市场老板首肯后，我们在市场里和这些商户交流，看他们是否有草莓包装这个需求，商户都表示非常欢迎，就给我们描述了一个大概箱子的样子，但市场的规则是不收订金的，所以我们照着这些商户的要求找到厂家去定制，做出来后有些商户觉得这个箱子可以，就会大量向我们订购。有些商户觉得不行，那我们这个箱子的开模成本就白费了。2014 年的草莓季我们一共失败了 5 个模具，成功了 10 个，2015 年没有新开模具。下图 3－1 的系列图为客户定制的草莓卫士一代的 3d 效果图和实物图。最开始知道客户不

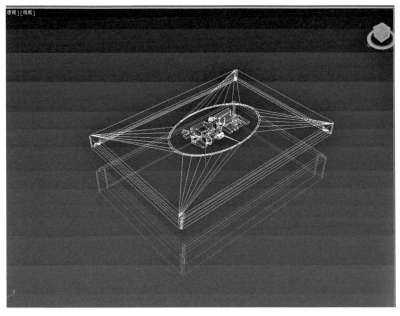

图 3－1　草莓卫士一代的 3d 效果图

接受这个箱子的时候,我们的内心是痛苦的,大家都觉着这个箱子要亏钱了,但后来发现市场里的其他商户也会要这个箱子,只是价格刚够我们的成本,本着不亏就是赚的原则,我们就卖给他们了,这种刚够成本的模具我们也归类在失败的模具里面。

图 3-2　草莓卫士一代的盒盖图

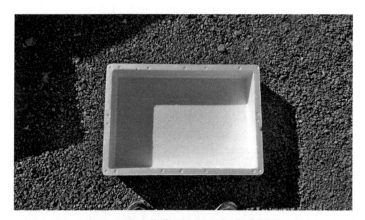

图 3-3　草莓卫士一代的盒箱图

图 3-4　草莓卫士一代盒底图

· 13 ·

3.1.2 咸鱼翻身的草莓卫士二代

第一次失败后我们没有放弃,又加紧做了这个草莓卫士二代。这次我们吸取了教训,不着急开模打样,我们先是用 3dmax 在计算机上画出了不同角度的视觉效果图,如下图 3-5、3-6 所示,图 3-7 至 3-9 为开模后批量生产的样子。再用美工刀在一块实体泡沫塑料上徒手做了个大致箱子的样子,拿着样子给客户看,收到确认后再去开模制造。这样也得到了商户的认可,我们在 2015 年包装盒的款就已经维持在 10 个不变了。在文中我们就不列出全部的 10 种盒子,这些盒子一般都大同小异。

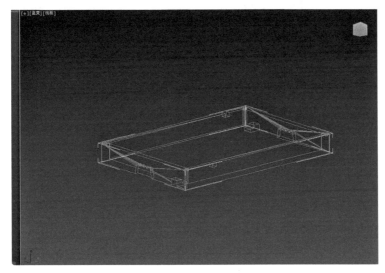

图 3-5　草莓卫士二代 3d 效果图 1

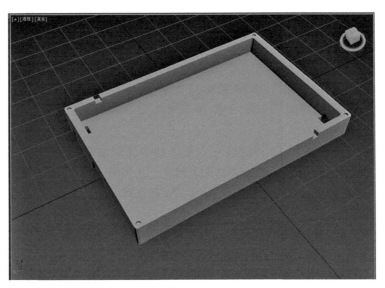

图 3-6　草莓卫士二代 3d 效果图 2

图 3-7　草莓卫士二代批量生产实物图 1

图 3-8　草莓卫士二代批量生产实物图 2

图 3-9　草莓卫士二代外包装实体图

第二代草莓卫士外包装的特点:

1. 盒身部分的两侧增加了把手,更方便于端着盒子,大大增强了用户体验。

2. 取消了上盖,用塑料保鲜膜取代了原先的上盖,这样既能减少成本,又能使客户一眼就可以看到盒内草莓的质量。

3. 底部增加了 2 个透气孔,在盒子底部的两边各设有一个通气孔,这可以更好地在运输途中降低盒子内的温度,保持草莓的新鲜程度,降低了草莓的损毁率。

4. 盒身的上部边缘增加了 2 处凹槽,便于增加保鲜膜的包裹力度,避免滑盖现象的发生。

第二代草莓卫士内还配了小餐盘,专为超市和中高端水果店定制,区别于传统的餐盘,内里设计更适合长途运输。产品实物见下图 3-10 和图 3-11。草莓餐盘的特点:

1. 使用小餐盘包装可直接在超市或高端水果店上架,减少了终端零售商的包装成本、费用和时间。

2. 餐盘底部和四周都增加了防压条,使得草莓是"架空"在餐盘上的状态,发生碰撞和挤压时只是盒子发生变化,不会直接碰到草莓,大大减少了损毁率。

3. 餐盘使用安全的 PP 材料,提升了用户购买时的安全感。

4. 餐盘的大小尺寸是经过调整的,配合我们草莓卫士二代的外泡沫塑料盒,一箱十盒正好。

图 3－10 草莓餐盘空盒图 1

图 3－11 草莓餐盘空盒图 2

图 3－12 草莓餐盘装箱图

3.1.3 草莓卫士三代——插板式草莓快递盒

经过了一代和二代的发展,我们就开始考虑,我们处于一级批发市场,有着绝对的价格优势,我们又都是电商专业的,我们为什么不自己做草莓电商呢? 恰巧此时也有一些网络卖家联系到我们,想让我们直接提供包装好的、可以直接快递的草莓礼盒。我们考虑到这样的盒子对美观和材料的要求凭我们现在的水平要完全自己设计可能较难完成。于是我们就联系了一些礼盒制造厂,通过与厂家的合作完成我们的产品。所以我们的草莓卫士三代不仅仅只是一款产品。

插板式草莓快递盒:插板冷藏包装箱采用超高密度发泡材料,是普通泡沫箱密度的 3 倍。因为是插板式的安装,储存起来体积就是一片,比原先的泡沫塑料盒子节省很多的空间,最终我们谈下来是差不多 5 块钱一个。如下图 3－13 中的系列图所示,在途中我们可以看到它的外观非常漂亮,质地坚硬又有弹性,适合快递运输,可以直接当做礼品盒,非常适合作为电商的草莓盒子。

图 3－13 草莓卫士三代——漂亮的草莓快递盒子 1

图 3－14 草莓卫士三代——漂亮的草莓快递盒子 2

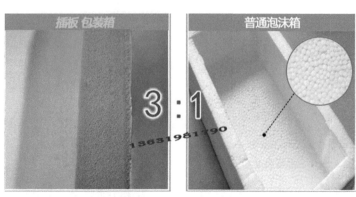

图 3–15　草莓卫士三代——漂亮的草莓快递盒子 3

图 3–16　草莓卫士三代——漂亮的草莓快递盒子 4

3.1.4　草莓卫士三代——有档次的牛皮纸包装盒

网络卖家对于包装盒的美观度要求较大,多次给我们提出希望可以多些款式以供选择,这也是我们从厂家处找到的一款给网络草莓卖家的快递盒,这款包装好的地方在于让客户感觉很高端,实际运输过程中也的确是能够较好地保护草莓不被压到。同时配有不同尺寸,适合客户的多种需求。实际谈下来 3.5 斤的这款价格单个大概在 8 块钱左右,如下图 3–17 所示。

图 3–17　网络草莓卖家快递盒

第四章　草莓卫士商业模式及发展规划

4.1　传统草莓批发的模式

　　按照传统的草莓批发流程，大批发商来到本地一级批发市场购买农户手中的草莓，首先需要将草莓从农户的篮子里挪到自己打的木箱子中，这个过程可能会产生 1％ 的损耗，挪的过程由批发商雇人进行。长途运输过程中木箱子存在着不透气、不耐压、草莓易损耗等特点，运输的过程中会发生 4％ 的损耗。到了当地，当地批发商还需将草莓从木箱子中挪到自家的泡沫箱中以便批发给当地的零售商，这个挪的过程中损耗最大，会产生 7％ 左右的损耗。卡车运输司机在当地卸完货后还需要将这些空木箱子运回一级批发市场的大批发商处结算工钱。

　　我们不难算出，这样的流程从农户到当地批发商手中草莓损耗高达 12％，而损耗最大的环节是"挪"的过程。我们长丰县的草莓质量好、价格高，每斤的一级批发价格在农历正月里可以达到 18 元，市场终端的零售价高达 30—35 元/斤。对于如此贵的水果每一吨一级批发商就至少要损失 4 320 元。这 4 320 元仅仅是草莓果实的损失，还没有包括人工成本，从农户篮子"挪"到木箱子，从木箱子"挪"到泡沫箱子，每挪一次批发商都要付出相应的人力成本。

　　下图 4-1 为传统草莓批发的流程图。

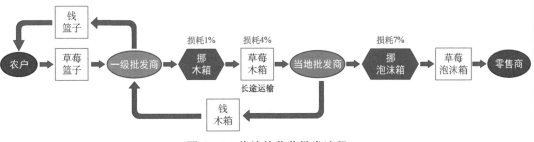

图 4-1　传统的草莓批发流程

4.2　草莓卫士的现有商业模式

　　本项目主要是为水果批发市场的批发商提供草莓长途运输的包装盒，如果批发商有需求，可以为其定制包装盒，提供装箱人员。

　　我们在批发市场租借了一间仓库存放部分包装盒，一级批发商可以根据需要来我处订购盒子，一般都是提前电话预定。批发商大都会带着工人从头年的 11 月中旬起到第二年的 3 月驻扎在我们这个批发市场。

在通过我们不断的实验和设计后,将草莓运输过程中的损耗从 4% 下降到 1%,更重要的是,这一包装方式直接减少了当地批发商在挪箱过程中 7% 的损耗,也降低了批发商的包装成本和人力成本。下图 4-2 为经过我们变革的草莓批发流程图。

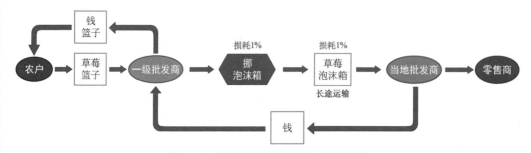

图 4-2 经过变革的草莓批发流程图

一级大批发商原先使用的木箱子成本是 10 元/个,是自己承担的,现在包装成本转嫁给了当地批发商,由于当地批发商原本就需要重新"挪"货,就有包装的成本,现在等于把这部分包装的费用给了一级大批发商,关键是可以减少 7% 的耗损,所以本地批发商非常乐意接受。

对于拉货的司机也是非常欢迎这个模式的,因为原先司机送完货还需要把箱子拉回来,除了卸货等待时间还要等一个挪货的时间,现在单趟就可以解决运输,还节省了挪货的时间,货物司机的灵活性也得到了提高。下面用表 4-1 可以更清楚地看到这一变化在批发市场中各角色之间的变化,可以说这是一个一举多得的模式。

对于批发市场而言,主要是靠收取摊位费盈利,由于各大草莓批发市场之间竞争较为激烈,如果批发市场能为客户提供更好的服务使他们减少成本,就会吸引到更多的商户来租赁,我们所在的阮巷批发市场 2013 年摊位费是 300 元/年,2014 年摊位费是 600 元/年,2015 年摊位费是 1 000 元/年,这一租金将在 2016 年进一步提高,批发市场摊位费涨价的前提就是为市场的商户和前来的批发商提供更好的服务,之前阮巷已经免费为市场内的批发商提供车辆运输的协调服务,现在加上我们这个包装服务后将会再一次提升服务内容和等级。

表 4-1 草莓卫士商业模式中各家情况分析表

	一级批发商	当地批发商	司机	批发市场
运输	降低运输成本 一车便宜 500 元	无关	灵活性更高 回途拉货	更便于协调
包装	费用转当地批发商	不增加包装成本	无关	无关
损耗	由 4% 降至 1%	降低了 7%	无关	无关
服务及口碑	提升了服务及口碑	无关	无关	吸引人气 增加租金

4.3　盈利模式及现状

　　我们的盈利模式非常简单,目前就是和商户谈,看他们需要什么样的包装盒,然后去厂家订购,卖给商户。至于商户为什么自己不能直接向厂家订购,是因为一个模具的开模费就高达3—5万,市场上没有现成的特别适合于草莓包装、运输存储的盒子,其次他们没有太多的地方来堆放包装盒。

　　我们的成本主要是人工与盒子,我们雇了4个人,200元/天,算上加班费什么的基本上一个草莓季的开销是10万元,他们主要负责将包装盒卸货搬到仓库,再从仓库搬到批发商的装箱处。算上运输成本,小的塑料餐盒成本是300元/2 000个,我们卖2毛/个,毛利润率33％;保鲜膜6毛一大卷,我们卖2元/卷,毛利润率233％;泡沫箱子,成本0.7元/个,卖给批发商2元/个(个别款式卖2.5元),毛利润率185％。

　　经过2014年、2015年2个草莓季的运营,各种规格草莓卫士的销售总量超过了700万个,扣除了模具的损耗、人工,净利润超过300万。下表4-2为我们计算的较为粗略的营收开支情况表。

表4-2　2014—2015年草莓季收支统计表

	2014年草莓季	2015年草莓季
支出:开模费	75万	无
支出:人工	10万	10万
支出:场地租赁	无	无
支出:包装盒采购	170万	200万
收入:包装盒盈利	200万	230万

4.4　商业模式的发展计划

　　我们目前正在逐步由从仅提供包装盒到提供包装盒及包装服务转型。由于我们地处草莓的一级批发市场,又已经为淘宝上的一些草莓电商提供了包装好的草莓,项目组中有2位同学是电商专业的,有着一定的专业基础,所以我们下一步还将做草莓电商向终端发展。

4.4.1　从提供包装盒到提供包装服务

　　据我们观察了解到,一级批发商每年都要带着一批工人从当年11月中旬起在草莓批发市场驻扎到来年的3月中旬,一共是5个月左右时间。这期间批发商除了提供工资外还要包吃包住(阮巷草莓批发市场的老板在批发市场旁边搭建了板房供他们居住,400元/月不包水电),还得算上这些工人的来回车费,工人主要做的就是"挪"草莓和搬运装车、卸车,所以经常会出现每天集中工作几小时,等草莓装箱发走后空余时间较多的情况。如果包装和装车的服务外包给我们的话,我们就可以直接从当地雇人,工人可以正常上下班,省去了包吃包住的成本,也避免了工人一天只工作几小时的情况。与一级批发商谈过这个问题后,他们也非常乐意把这项工作外包,主要的担心是我们不能及时包装完成并装车。经过讨论和不太精确的计算,我们觉得可以先从几个中等的一级批发商下手试试看。

4.4.2 尝试草莓电商

淘宝或微店里会在网上购买草莓的客户往往对草莓的品质和运输损坏率要求较高,我们的长丰草莓一直走的是中高端路线,符合了消费者对于草莓质量的高要求。同时2015年的草莓季我们已经在向一些淘宝卖家提供带快递包装的草莓,我们已经找到了适合快递的草莓包装盒,根据这些网商的销售情况来看,这种类型的包装盒效果很好,这就使我们符合了消费者对草莓损毁率低的要求。

这些草莓网商从我们这进的15元/斤的草莓,2.5斤的草莓加上6—8元包装盒的成本,算上快递费15元,总成本在60元,他们在淘宝上可以卖到118元。

我们项目组里有3位同学是电子商务专业的,对商品拍摄、商品详情页制作、网络推广、淘宝店铺开设等都有相关的专业知识,所以从明年开始,我们也要把草莓电商加入到我们的商业模式中去,相比在淘宝、微店中的卖家,我们的优势在于成本更低、草莓更新鲜、发货更快。对于我们而言并没有增加太多成本,我们自己就可以建立起网店,自己做客服接单,可以直接从批发市场发货。

第五章　组织架构及利润分配

5.1　职能分工

我们按照初始投资及在项目中的贡献来分配净利润。亏损的话也是按这个百分比进行分配。截至目前我们并没有成立公司，水果批发市场里大部分都是不成立公司的。下表 5-1 为组织架构及利润分配表。

表 5-1　组织架构及利润分配表

人员	投资	利润分配	职务
孙佳康（代表他舅舅）	40 万	80%	项目总负责人
顾惜时	0	5%	市场开拓、洽谈
王家豪	0	5%	美工、拍摄、网店搭建
范小勇	0	5%	网店运营
程家凤	0	5%	财务，协调，文案

第六章 风险与对策

6.1 国家政策

长丰县草莓种植经过三十年的发展种植规模逐年扩大,成了当地最具特色、最成规模、最有影响的特色农业。2014 年,长丰县出台了《长丰县草莓标准化生产和质量安全管理办法》。县农技推广中心和各乡镇都建立了农产品质量安全监管站,全县 20 多个草莓基地均建立了速测室,还在全省率先建成草莓农业物联网监测应用系统,进一步提升了草莓生产管理水平,实现了自动化、精细化、标准化高效安全生产。出台系列扶持政策,财政奖补力度非常大,近几年长丰县财政用于草莓育苗推广、钢架大棚等生产环节的奖补资金累计达 7 000 多万元。同时,创新扶持措施,在全国首创了草莓生产信贷加保险试点工作,探索建立了农村信贷与农业保险相结合的银保互动机制,有效降低了农户的生产风险。

从以上一系列的举措我们不难看出,草莓作为一个经济类农作物在长丰县获得了大力的政策支持,经过多年发展草莓已经成为我县的一个支柱产业和名牌,这就对政策支持的持续性起到较大的影响作用。总结为本项目的国家政策在未来若干年内都将处于大力支持状态。

6.2 竞争风险

长丰县的三大草莓批发市场就目前而言是阮巷"一家独大"的状态,市场的繁荣不是一朝一夕就能改变的,除了提供的配套服务外同时还要靠商户之间的口口相传。而且我们提供的是草莓包装服务,不管市场如何竞争,包装始终都是需要的。我们目前没有遇到与我们一样做草莓包装的竞争对手,但不排除接下来会有被模仿的可能。

6.3 技术风险

我们这个项目最薄弱的地方便是进入的技术较低。草莓长途运输泡沫塑料包装盒的难点在于设计和模具的制作,模型一旦确定后生产成本是非常低的,甚至可以说是忽略不计的。当其他人看到我们走包装这条路有一些盈余后,就存在被模仿的可能性。他们可以拿着我们已经有的包装盒去找生产厂家开模制作,甚至可以找到提供同类产品的厂家下单,这样就连开模费都省了。同时我们的产品也没有太多的技术点可以申请专利,即使申请了专利,也还是会存在大量外观被模仿的情况。

6.4　财务风险

"草莓卫士"的主要成本在于盒子的设计、开模费。最大的危险期就是在最初创业期，我们开模制作的盒子客户不满意，亏了一笔，索性这已经过去了，我们目前的包装盒的款式基本确定了，走量较为稳定，所以成本和开销就比较少。

我们的财务策略也是比较稳健的，尽量少借贷，缩短货款期，增加现金流。

6.5　项目优势

我们的主要优势在于以下几点：

1. 作为草莓网商，我们草莓的质量非常好，处于草莓一级批发市场，可以拿到市场上同级别草莓中最低的价格，我们的包装盒由于量大所以成本也低于市场价格，所以我们总体成本要比其他网商低很多。

2. 作为批发市场的包装盒供应商，我们填补了这个市场的空白，提高了市场的服务性，仅在阮巷我们每年盒子的采购量达到 200 万元，量非常大，量大就使得我们可以和供应商谈价格，进一步降低我们包装盒的成本。

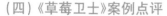

（四）《草莓卫士》案例点评

该项目找准了市场的需求，目标用户非常清晰，是一级草莓批发市场的批发商。通过一个细小的改动，将先前的"木"质草莓运输箱更改为泡沫塑料箱，便优化了整个草莓批发流程，减少了运输和"挪"动草莓造成的损耗，缩短了整体运输流程，使草莓批发流程中的一级批发商、二级批发商、司机、批发市场都处于获利的状态，也正因如此，该项目的推进才会如此顺利。

在利润分配方面前期也有协商，这样就避免了因为利益而"兄弟反目"的情况，根据世纪利润的百分比分配也更有利于发挥合作者的积极性。

该产品目前的主要的问题在于产品的技术含量不高，极易被模仿。所以如何更好地通过品牌、价格、前置式服务（为商户提供印有特定品牌的包装盒，可供终端直接销售、超市直接上架等服务）控制好市场是下一步急需解决的问题。

（五）《草莓卫士》案例讨论

1. 请结合项目文档讲讲，这些同学为什么会选择草莓保护包装盒作为创业项目呢？西瓜、榴莲、山竹、苹果等水果适合这种包装盒吗？为什么？你觉得还有什么水果适合此类包装盒呢？

2. 请结合创业计划书分析，项目所在的地理位置对项目的推进起到了哪些作用？

3. 项目组做了哪些前期调研？这些前期调研对项目的发展起到了哪些作用？

4. 请阅读创业计划书，找到原有草莓批发流程，并用自己的语言对其进行描述。

5. 请阅读创业计划书，画出使用"草莓卫士"后的草莓批发流程。

6. 请对比原有和现有草莓批发流程，讲讲两者的区别在哪些地方。

7. "草莓卫士"是如何推广自己产品的？

8. 请分析第一代产品失败的原因？

9. 请描述一下"草莓卫士"项目下一步的发展规划。

10. 请在创业计划书中找出该项目的利润分配方法，并讲讲你对该利润分配的看法。

11. 该项目最大风险在于哪里？该如何解决？

12. 该项目最大优势在于哪里？

13. 如果你是该项目的老板，你将如何做下一步的发展规划？

一、什么是项目路演？ 项目路演的目的是什么？

项目路演是企业或创业代表在讲台上向投资方或评委讲解项目属性、发展计划和融资计划，一般分为线上路演和线下路演。线上项目路演主要是通过 QQ 群，微信群，或者在线视频等互联网方式对项目进行讲解；线下项目路演主要通过活动专场或大赛与投资人、评委进行面对面的演讲以及交流。

路演的目的是在表达清晰明了的基础上给投资人或评委留下深刻印象，引起他们对项目的兴趣，因此路演的最终目的是获得投资和高分。下图 6-1 为秘密路演（只有投资者），图 6-2 为小型路演（可以有其他项目成员、旁听、媒体等，较为公开的形式）现场。

图 6-1 秘密路演现场

图 6-2 小型路演现场

二、 项目路演中"说"的要素

要在短短 5、6 分钟内讲清楚自己的项目并得到评委或投资人的青睐,可以说这几分钟内一句话都不能浪费。总的来说,讲清楚你做的是什么,你是如何来做的。

(一) What 你做的是什么?

讲清楚你做的是什么,直接靠什么赚钱。以销售产品为例,你是依靠设计产品? 帮别人做运营? 生产制造? 还是依靠产品圈钱做金融?

(二) How 你是怎么做的?

市场上有哪些竞争对手? 与他们相比你的特点在哪里? 讲你已经做到了哪些,是怎么做的。这部分数据是最有利的说明,尽可能多地拿营业额、日货数、用户量等具体数据证明。

(三) 你需要投资者投入多少? 你又可以给投资者什么?

再来就要讲清楚需要多少投资,出让多少股份。通常学生在这块是比较薄弱的,这也是他们社会经验较少造成的。但也没有太大关系,问问自己以下几个问题:

1. 我这个项目最终是不是要在自己手里,还是可以被其他公司收购?

2. 投资者看中的是我项目中的什么? 是人? 是创意? 是占有的市场,还是其他?

3. 投资者给你投资,那投资者要获取一些什么?

4. 投资者除了在资金上给你支持,还有哪些方面可以给予你帮助? 人脉上? 渠道上? 有些项目是为政府提供服务的,所以不可忽略某些有政府性质的投资者,是否能在政策上有所帮助。诸如在共享单车出现之前,地铁口是不允许停放自行车的,在共享单车出现后,地铁口包括许多公共区域都划定了专项单车停放点。

(四) 团队介绍

团队介绍要讲清楚每一个初创成员的核心能力,他们曾经做过哪些项目,成绩又如何。不能光光仅有一个名字。公司需要多种人才的组合,这部分就是告诉投资者或评委,我们团队很强大,每个人都在其擅长领域发光发热,我们撑得起这个项目。

图 6-3 西游记团队介绍漫画

(五) 要把自己当成演员,切勿照着 PPT 读!

路演现场可以理解成是一个话剧演出,为什么是话剧,而不是电影或演唱会呢? 因为电影一个镜头可以拍很多很多次,观众看到的是经过合成的各种最好的镜头。演唱会离得太远,摸不到看不清的感觉。而话剧是真人、近距离的现场演出,对演员的台词、表演功力都是有一定要求的,不存在"重来"的情况。设想下你是观众,台上的演员毫无表情、肢体动作,只会拿着台词读,这是一种什么感觉? 图6-4是作者指导的"E修网"团队在2016挑战杯全国决赛现场,两位演讲者以超人的形式出现,通过造型并配合语言来展现该项目,起到一定活跃现场气氛的效果。

图6-4 身着超人服装的现场路演

三、 项目路演中 PPT 的要素

（一） PPT 结构的要素

PPT 结构整体上可以根据上一节"路演中'说'的要素"来制作,每个人制作的习惯和喜好不同,下面罗列了一个路演 PPT 所需要的基本结构。

1. 项目简介

2. 主要产品或服务

3. 产品或服务的特点

4. 目前市场状况（主要客户、营销模式、销售地区、销售额等数据）

5. 主要竞争对手分析（列举三个,各自优劣势对比）,自身优势

6. 团队结构、组织架构

7. 财务状况（如果不是以公司性质运营的列出营收状况就可以了）

8. 风险及风险控制

9. 融资意向

10. 感谢页

（二） PPT 设计的要素

1. 使用模版

除非你是专业设计人士,有着较高的审美和排版能力,不然还是推荐使用 PPT 模版,这里

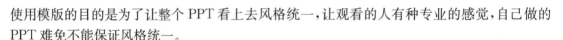

使用模版的目的是为了让整个 PPT 看上去风格统一，让观看的人有种专业的感觉，自己做的 PPT 难免不能保证风格统一。

2. 遵守二八原则

基本整个 PPT 中图表量不能小于 80％，文字的量不能大于 20％。切忌出现大段文字，如果实在不能用图片表达的可以用多个关键词分散排列。

3. 字的颜色和背景色对比强烈

做路演 PPT 的时候要考虑到展示的平台，通常是由投影仪播放出来，这样很多细微颜色的差距是看不出来的。我看过最差的是亮黄色与白色的组合，投影仪一打，黄色会被削弱，白色又由于幕布的关系不够白，两个颜色混在一起，完全不能直视。

4. 整个 PPT 颜色尽量不超过 3 种

这是为了让 PPT 看上去更为专业、简洁、清晰。

5. 高清大图、留白

PPT 中的图片一定要清晰度高，你电脑上看这张图片的清晰度普普通通的话，投影仪一打，图片必定就比较模糊。留白是为了不让观看者漏掉重点，适当的留白反而能突出重点。

6. 万全准备为防万一

作者总结了平时遇到的路演中有关 PPT 展示的若干突发情况。

（1）自己做的 PPT 版本较高，现场路演机器中 PPT 版本过低导致无法播放，这就需要事前准备好几个不同版本的 PPT。

（2）PPT 损坏了无法播放，又没有备份。这个解决方案是准备 2 个 U 盘，然后网盘上也存一个。

（3）尽量使用 OFFICE 来制作 PPT，虽然 WPS、IWORK 等软件也能做出漂亮的 PPT，但这些软件都有固定使用的平台，换个平台就容易出错。

（4）如果 PPT 中需要插入音乐、视频，请尽量使用自己的笔记本。因为这两项只要机器内装的播放器或配置不同就非常容易出现不能播放的情况。

（5）除了很多资深路演者，许多普通人特别是同学路演都需要反复地排练，平时排练时就多用翻页笔，谨防到时候翻页出错，造成尴尬。

（6）文字尽量使用 OFFICE 里自带字体，如果对某些文字的字形有特别的需求，可以将那些用特殊字体的文字变成图片插在 PPT 中，或者自备笔记本。因为路演时使用的机器里一般只安装默认的普通字体，特殊字体显示出来时会变成乱码或方块。

（7）使用苹果电脑制作的 PPT 或现场带苹果笔记本来连接到投影的，注意兼容性，最好自备投影输出转接头。

（8）6—8 分钟的路演控制在 15—20 张 PPT 内。

四、 路演 PPT 及演讲稿展示——《玩美——专业美甲美睫》

下篇会为大家展示《玩美——专业美甲美睫》现场路演的 PPT。每一页 PPT 是一张图片，每一页 PPT 后的文字是配套的演讲内容，双斜杠之后的是解释这张 PPT 的作用。

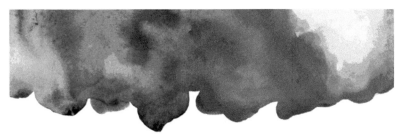

图 6-5　PPT 首页

　　我们的项目叫"玩美——专业美甲美睫",店铺采用了 O2O 的运营模式,主营业务为美甲,美睫等服务。*//开篇点题,清楚地说明做的是什么,特点是什么。*

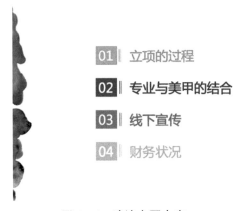

图 6-6　路演主要内容

　　我们将从以下四个方面来介绍本项目。

01 PART ONE　立项的过程

图 6-7　第一部分

图 6 - 8　项目实景图

先来说说我们立项的过程吧,在 2015 年我校在福山路沿街建造了学生创业实战基地,五间沿街门面店,如果项目够好,学校会免费提供店铺及硬件装修,当时我们已参加全国挑战杯大赛,对创业有了自己的一些想法,于是就想试试。*//项目起源,为什么会选择这个项目。*

图 6 - 9　项目地理位置分析

为了调研这个位置的店铺开什么店最合适,我们以店铺为圆心,实地调研了其方圆1 000 米左右的现有商铺、住宅情况。店铺毗邻世纪大道、陆家嘴金融中心边缘的单行道,可谓是黄金地段中的偏远地区。*//该地理位置更适合做什么?为什么用 O2O 的运作模式。*

店铺周边商业环境调查

黄金地段中的偏远地区

更适合 O2O 运营模式

图 6-10　项目模式讲解

电子商务专业与美容美体专业结合

图 6-11　项目依托与背景

就目前市场而言,除了餐饮、美容业必须到店体验外,其他都很有可能被快递及网购所替代,我们是电商专业的,考虑到做轻饮食和餐饮类会对卫生资质要求较高,所以我们决定联合学校电商和美容美体专业同学共同开设美甲店。//选择美甲的原因,哪些人一起合作。

竞争对手分析

图 6-12　竞争对手店铺图

竞争对手分析

店名	项目	价格（元）	折扣方式	门店大小	美甲师薪资及待遇	不同花色价格加价
S.nail美甲	QQ甲底色	88	1. 充1000打9折 2. 充2000打8折 3. 充3000打7折 4. 充5000打5折	40平米左右	4000~6000不等提成20% 包住不包吃 学徒无工资 包住 转正签合同无交金	108~280元 修形+去死皮38元 贴片10元/只甲片 贴钻5元/个不等
	指甲油+快干	30				
	QQ甲彩绘、晕染	50				
	QQ甲星空	100				
	法式	50				
	手足护理	98				
	睫毛嫁接	168				
色彩美甲	QQ甲底色+修形	88	暂无会员价节假日优惠	20平米左右	3000~6000不等提成15~20%包吃包住 转正签合同无交金	118元起 贴片2元起不等 贴钻5元起不等
	修形+OPI甲油	30				
	无纸蜜蜡脱毛	98				
	无痕睫毛嫁接	198				
爱美专业美甲	足部护理	58	办会员卡打8折	15平方米左右	3500~6000 提成20%	100元起 贴钻8元起
	手单涂	50				
	睫毛嫁接	100				
	不基础护理	28				
CrazyNail美甲沙龙	手单涂	98	12点~16点30单涂68元	20平方左右	2500~5000不等 提成25%	88元起 去死皮35元 贴钻10元
	QQ甲	68				
	修眉	15				
	无痛耳耳	10				

图6-13 竞争对手分析

店铺周边有三家美甲店,我们对这些店铺的顾客情况、消费价格、服务项目、服务质量及美甲师薪资待遇进行了潜伏式的调研,潜伏的意思就是进店当学徒。因为我们对店铺运营经验为零,潜伏进店能积累与客户交流的经验,积累发生纠纷时处理的方法,积累店铺运营的经验,并找出这些店铺存在的问题。*//前期做了哪些调研,如何做的,做这些调研目的是什么。*

图6-14 竞争对手分析汇总

半年的潜伏结束后,我们发现这些店铺存在着以下几点问题:

1. 每月45%的利润作为房租
2. 美甲师流动性高,可以很轻易地带走客户资源
3. 操作流程不规范,不同美甲师操作步骤及方法都不同
4. 使用劣质的指甲油和睫毛等原材料
5. 营销方式主要以线下为主*//这5点讲清楚"潜伏"调查的结果。*

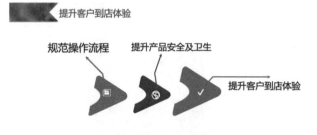

图6-15 客户体验提升流程

基于前期认真的调研及潜伏，很荣幸地获得了学校店铺免费使用3年的资格。

我们从以下几点提升了顾客的到店体验：

1. 操作流程规范化

2. 所有器械，使用专业消毒机进行消毒

3. 所有美甲、美睫原材料，都是国家质检部门合格产品

这些成本平摊到每次服务中，可能只增加了1—2块钱的成本，但却大大提升了店铺的专业度。*//与周边其他美甲店的区别。*

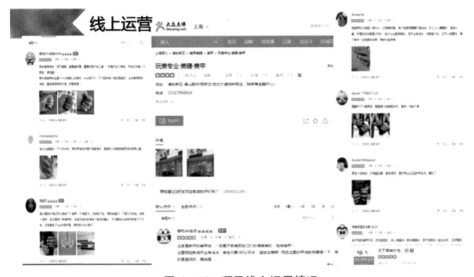

图 6‑16 项目线上运用情况

对于店铺的运营，我们采取的是O2O的运营模式

线上运营方面：现在的用户一般都在进店之前使用大众点评来查阅这家店的价格、口碑。下图是我们的营销截图。

线上运营—宝贵的—"刷单"失败的经验

软文写作课上全班刷单

防刷单后台数据库

图 6‑17 项目线上运营失败点

我们在软文写作课上请同学为我们店铺刷好评，一节课刷了三十多个好评，当时心想这刷好评也挺容易的，省了一大笔钱。结果一个晚上那些评论全被删了，后来我们发现，如果点评时间过于集中、缺少具体的内容，地理位置一样，就会被视为刷单。*//线上是如何运营的，有过哪些失败经验，因为成功都是从失败中摸索出来的。*

店铺运营

6-18 项目百度地图营销截图

此外我们在百度地图上进行了地图营销。

图 6-19 项目淘宝店铺截图

这是我们第一版的淘宝店铺。

时间营销

按时间段打折

非黄金时间段：09—13点 买一送一

增加非黄金时段销售额

黄金时间段：15—21点

图 6-20 项目促销现场图

线下营销我们采用的是时间营销,美甲店的黄金时间是下午 3 点到晚上 9 点,为了延长盈利时间我们在非黄金的早上 9 点到下午 1 点做出买一送一活动,提高非黄金时段的销售额。*//这部分是线下的营销手段。*

线下推广

图 6‑21　项目线下推广介绍

在线下推广上,顾客凭我们在街上发的宣传单到店消费,一律打八折。虽说派传单的形式比较老旧但效果非常好。*//线下还用了什么营销手段。*

店铺实景图

图 6‑22　店铺经营图

时间营销

图 6‑23　盈利能力对比图

根据我们统计，美睫单位小时的利润高于美甲 2—3 倍。在经济、时间有限的情况下，客户也更愿意将钱花在美睫上，所以我们逐步将主营业务转向美睫，可以说效果是显著的。//为什么项目的主营业务由美甲转向美睫。

组织架构及利润分配

每单提成20%

每月分红=（营业额-提成）*30%

组织架构及利润分配		
佟博文	7.5%	市场营销，线下营销
邢文杰	7.5%	美睫，线上推广
罗兰	7.5%	美甲美睫
彭丹	7.5%	美甲美睫

图 6‐24　组织架构与利润分配图

接下来说说我们的财务状况，我们店铺每个月都会拿出净利润中的 30% 对初创成员进行分红。每单会有 20% 的提成，目前我们店铺平均月净利润达到 3 万元左右。//财务分析部分。

玩美发展规划

1：第一家店利润>5万/月，开设第二家分店

2：积极加入CPMA（美甲界ISO900认证体系）

图 6‐25　项目发展规划

对于未来：我们考虑在第一家店月净利润过 5 万时开设第二家分店。同时积极加入 CPMO 这一美甲界的 ISO 认证体系。//项目未来发展规划。

图 6 - 26　项目 SWOT 分析

最后用 SWOT 来总结我们的项目,我们的优势在于服务和网络营销都很专业,劣势在于初创业,经验少,威胁在于同类同质的竞争十分激烈! _//项目内外部环境分析,也是风险分析。_

感谢各位评委! 玩美,完美!

图 6 - 27　作者与项目路演者合影

五、 路演 PPT 及演讲稿展示——《草莓卫士》

下篇会为大家展示《草莓卫士》现场路演的 PPT,每一页 PPT 后的文字是配套的演讲内容。

图 6 - 28 PPT 封面

各位评委老师下午好,我们是"草莓卫士"项目组。

图 6 - 29 项目基地图示

安徽省长丰县是全国草莓第一大县,我们所在的水湖镇阮巷草莓批发市场占地 30 多亩,是长丰县最大的草莓交易中心,每天有将近 60 万斤左右的草莓被运往北京、上海、广州等地。

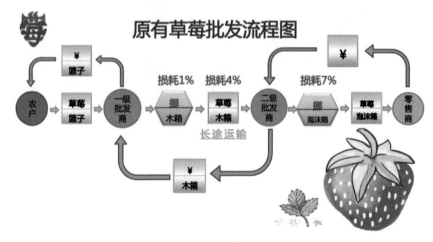

图 6 - 30 原有草莓批发流程图

项目组长孙佳康的家就在阮巷,他每年寒假回家都会去批发市场帮忙,他发现了传统草莓批发过程中草莓损耗较大的问题,我们先来看下传统草莓的批发流程,传统的批发流程中大批发商来到一级批发市场购买农户手中的草莓,首先需要将草莓从农户的篮子里挪到自己打的木箱子中,这个过程可能会产生1％的损耗。长途运输过程中木箱子存在着不透气、不耐压、草莓易损耗等特点,运输的过程中会产生4％的损耗。到了当地,当地批发商还需从木箱子中挪到自家的泡沫箱以便批发给当地的零售商,这个挪的过程中损耗最大,会产生7％左右的损耗。卡车运输司机在当地卸完货后,还需要将这些空木箱子运回一级批发市场的大批发商处结算工钱。

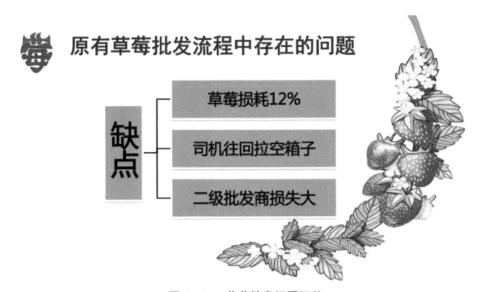

图6-31　草莓批发问题汇总

这样我们不难算出,从农户到当地批发商手中草莓损耗高达12％,而损耗最大的环节是"挪"的过程。

图6-32　现场调研情况

为此我们对批发市场商户、运输司机以及二级批发商进行了调研，下图是我和组长孙佳康调研时的图片。

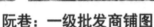

阮巷：一级批发商铺图

图6-33　草莓批发市场情况

这是阮巷一级批发商铺图，左侧白色垒得较高的就是我们草莓卫士包装盒，右边的就是传统运输使用的木箱。

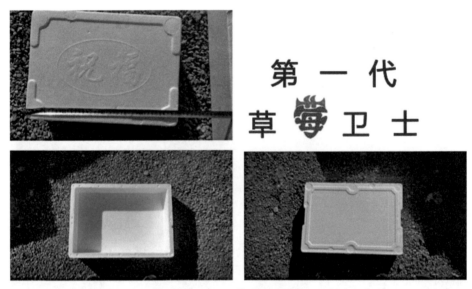

图6-34　一代产品实物图

接下来介绍一下我们的产品。我们的第一代产品是在与客户口头交流后，我们按照客户的口头描述的产品进行定制的。也正是由于这种不正规的口头交流导致一些商户看到一代产品实物后并不买账，觉得与他们想象中的差很多。最终导致我们有5个模具白做。

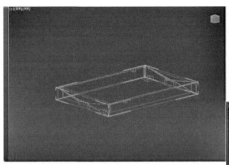

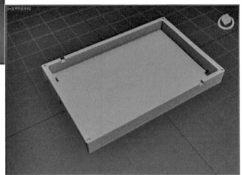

草莓卫士二代建模图

图 6 - 35　二代产品 3D 图

这是我们第二代草莓卫士外包装盒：

1. 盒身部分的两侧增加了把手。

2. 取消了上盖,用塑料保鲜膜取代了原先的上盖,这样既能减少成本,又能使客户一眼就可以看到盒内草莓的质量。

3. 盒子的底部与两边都设有通气孔,可以在运输途中降低盒子内的温度,保持草莓的新鲜程度。

4. 盒身的上部边缘增加了 2 处凹槽,便于增加保鲜膜的包裹力度,避免滑盖现象的发生。

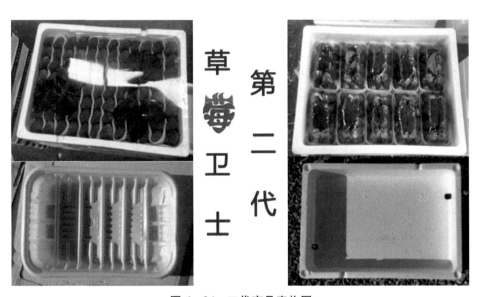

图 6 - 36　二代产品实物图

第二代草莓卫士内还配了小餐盘。

1. 使用小餐盘包装可直接在超市或高端水果店上架,减少了终端零售商的包装成本、费用和时间。

2. 餐盘底部和四周都增加了防压条,使得草莓是"架空"在餐盘上的状态,发生碰撞和挤压时只是盒子发生变化,不会直接碰到草莓,大大减少了损毁率。

3. 餐盘的大小尺寸是经过调整的,配合我们草莓卫士二代的外泡沫塑料盒,一箱十盒正正好好。

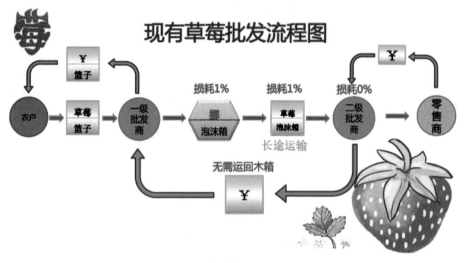

图 6-37　使用包装盒后草莓批发流程图

这是使用了草莓卫士后的草莓批发流程图,我们将一级大批发商运输中的草莓损毁率下降了 3%,并将其运输包装成本降为"0",将二级当地批发商"挪草莓"7% 的损耗率降为"0"。司机由原先需要来回运输两次,到仅需单趟,解决了来回运输的问题。

草莓批发流程优化后各角色成效表

	一级批发商	二级批发商	司机	批发市场
运输	降低运输成本 运费少600元/车		灵活性更高 回途可拉货 增加了收入	更便于协调 有更多司机可调度
包装	运费转当地批发商 取消了打箱费	不增加包装成本	减少卸货时间	
损耗	由4%降至1%	降低了7%,0损耗		
服务口碑	提升了服务口碑	提升了服务口碑		吸引人气增加租金

图 6-38　各角色受益表

这张各角色成效表可以很清楚地看到使用了草莓卫士后批发流程中各角色的收益情况。

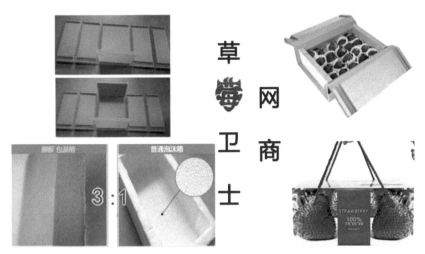

图 6-39 草莓网商包装盒

经过了一代和二代的发展,我们就开始考虑,做草莓电商了。

如这款插板式草莓快递盒,插板冷藏包装箱采用超高密度发泡材料,是普通泡沫箱密度的3倍。因为是插板式的安装,储存起来体积就是一片,比原先的泡沫塑料盒子节省很多的空间。在图中我们可以看到它的外观非常漂亮,质地坚硬有弹性,适合快递运输,可以直接当作礼品盒,非常适合作为电商的草莓盒子。

图 6-40 草莓网店

这是我们的淘宝店和微店。

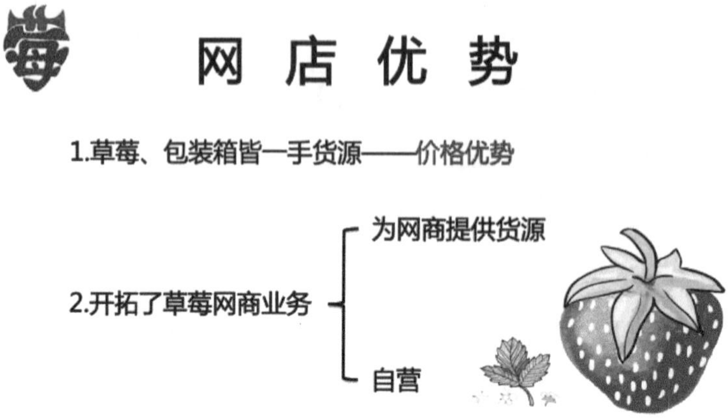

网 店 优 势

1.草莓、包装箱皆一手货源——价格优势

2.开拓了草莓网商业务
- 为网商提供货源
- 自营

图 6－41　草莓网店优势汇总

我们网店中的草莓和包装箱皆为一手货源，所以保证了价格优势。

2014-2015年草莓季收支统计表

	2014/11-2015/4	2015/11-2016/4
支出：开模费	75万	无
支出：人工	10万	10万
支出：场地租赁	无	无
支出：包装盒采购	170万	200万
收入：净利润	452.4万	817万

图 6－42　项目盈利情况

接下来说说我们的财务状况，根据我们的不完全统计，在 2014 年的草莓季支出为 255 万，净利润 452.4 万；2015 年的草莓季支出 210 万，净利润 817 万。

利润分配表

人员	投资	利润分配	职务
孙佳康 （代表他舅舅）	40万	80%	项目总负责人
顾惜时	0	5%	市场开拓、洽谈
王家豪	0	5%	美工、拍摄、网店搭建
范小勇	0	5%	市场开拓、洽谈
程家凤	0	5%	财务，协调，文案

图 6－43　利润分配情况

我们按照初始投资及在项目中的贡献来进行利润分配,我代表我舅舅为项目总负责人,投资了 40 万,占总利润额的 80%。其余的组员以自身的劳动力获取 5% 的纯利润,虽然组员们占的比例略少,但是没有前期资金投入风险也小。

图 6-44　SWOT 分析

接下来讲讲我们项目的 SWOT 分析,项目的优势在于,成本低,服务好,抢占了市场的先机。机会在于,现在很多大的一级批发商同时也是二级批发商,整个草莓批发销售流程中他们可以降低 10% 的损耗,所以更乐于选择我们的产品。威胁在于,我们的产品技术含量低,易被模仿。草莓运输盒的成本贵在模具开发,一个模具开模费在 4—5 万元,生产成本是非常低的。对此我们的策略是大力地推广我们产品,提高在周边市场的知名度,抢占市场份额。劣势在于,草莓运输盒的体积大,存放占空间。

 ## 发展规划

1. 做小、做细、做精

2. 长丰县为基础,扩展到安徽省

3. 2017年1月举办长丰县首届草莓年会

图 6-45　项目发展规划

对于项目未来的发展方向,我们并不打算去供应链的上游做包装盒的生产,也不打算盲目横向扩展自己的业务。我们觉得做小、做细、做精是我们的主要目标!接下来一段时间,我们准备以长丰县为基础,从而向周边拓展至整个安徽省。因为草莓季是跨年的,而过年这段时间草莓的销量也是最好,所以大部分一级批发商过年也留守在批发市场。因此我们提出了草莓年会的 idea,除了邀请现有顾客以外,我们还将邀请一些大型草莓供应商及其他的草莓市场,这样一来，老顾客之间可以聊聊最近的市场行情，新顾客可以了解草莓卫士的优势，从而更好地推广我们的草莓卫士。

图 6 - 46　总结

我们缩短了草莓批发运作流程，减少了草莓的损耗，节省了挪货时间，使流程中的每个角色都达到了共赢。

我们不生产草莓，我们只是草莓的守护者！

图 6 - 47　作者与草莓卫士项目组合影

项目七　创业中的风险及控制

近年来,伴随着大众创业万众创新的精神,越来越多的年轻人选择了创业,然而目前我国创业环境还处于起步阶段。尽管年轻人特别是学生的创业热情很高,但在实际创业过程中他们面临着各方面的问题与风险,创业风险控制的目的并不是消灭风险,而是帮助创业者更有准备地、理性地进行创业,减少风险带来的损失。初创者和学生的创业之路由于融资困难,社会经验与理论知识的缺乏而可能面临众多的风险。所以,对创业进程中风险问题的分析、控制与防范进行探讨研究具有重要意义。

一、创业中的风险

(一) 创业环境风险

创业环境是指围绕创业者的发展和变化,并足以影响或制约创业行为的一切外部条件的总称。创业环境与创业活动是相互作用的,对创业的成败起着决定作用。硬环境是指创业环境中有形要素的总和(基础设施、自然区域、经济区域等);软环境是指无形的环境要素的总和(政治、法律、经济、文化环境等)。

创业环境风险主要来源于目标行业的进入壁垒,进入壁垒是新进入公司与在位公司竞争过程中所面临的不利因素,即它仅指新进入公司才须承担而在位公司无须承担的(额外的)生产成本(J. Stigler, 1965)。行业进入壁垒包括生产规模、顾客品牌转移(品牌、消费者的习惯和偏好)、投资量的大小(技术研发、人才等)、销售渠道限制、资源竞争、技术进步速度。

思考题 7-1

请讲出什么是创业环境中的硬环境、软环境,并举例说明。

思考题 7-2

什么是行业壁垒? 请分析一下电力、燃气、网络搜索引擎、新媒体(自媒体、网络公众号、微博大号等)的行业壁垒在哪里?

(二) 人力资源风险

创业不是一个人可以完成的,更多的时候创业是由一支优秀的团队组成的。而对于初创公司来说,能否留住团队里的优秀人才,将影响到创业的成败。高素质专业人才和业务队伍是公司成长的关键,防止专业人才及业务骨干流失应当是创业者需要注意的问题,培养出一批忠诚的员工对一个公司的发展至关重要。具有良好公司文化的公司不仅能培养出忠诚的员工,还能培养出忠诚的消费者,在这一点上做得特别出色的当属乔布斯时代的苹果公司了。以下总结几点可能会造成人力资源风险的原因:

1. 成员个人目标与公司目标不一致
2. 创业团队成员关系不和谐
3. 创业团队角色配置不合理
4. 成员不能很好地遵守团队纪律

 思考题 7-3

请结合本书项目三中《比男女朋友更难找的是生意合作伙伴》案例，讲讲陈少平在合作伙伴这点上有过哪些问题值得引起我们的注意？如果将来你创业了，你觉得如何进行团队角色分配更合理些？

（三）财务（资金）风险

财务风险是指公司财务结构不合理、融资不当，使公司可能丧失偿债能力而导致投资者预期收益下降的风险。"巧妇难为无米之炊"，创业仅凭一腔热情是远远不够的，创业必须要有足够的资金。如以货币形式表现出来的场地租赁、办公设备、研发、工资、负责经营周转的流动资金等。

对于没有太多背景的初创者或学生而言，资金的主要来源是"借"，向家人、亲戚、朋友借，还有一部分可能的来源是银行贷款、融资等，尽管有政策支持，但银行贷款申请难、手续复杂，贷款数额有限，如果没有更广阔的融资渠道，公司就难以发展，而最终可能创业失败。

公司财务风险产生的原因很多，既有公司外部的原因，也有公司自身的原因，主要总结为以下几点：

1. 公司财务管理宏观环境的复杂性是公司产生财务风险的外部原因。经济环境、法律环境、市场环境、社会文化环境、资源环境等因素虽存在于公司之外，但会对公司财务管理产生重大的影响。如，政府突然出台政策将关闭比特币流通的网络平台，这些平台就面临着资金挤兑、比特币价格暴跌等情况，这些都属于外部的财务风险。

2. 公司财务管理人员对财务风险的影响。财务风险是客观存在的，只要有财务活动，就必然存在着财务风险。许多初创公司的财务管理人员是老板兼任或者请家里的亲戚担任，这样容易缺乏风险意识。

3. 财务决策缺乏科学性导致决策失误，避免财务决策失误的前提是财务决策的科学化。

4. 公司内部财务关系不明。这是公司产生财务风险的又一重要原因，公司内部各部门之间在资金管理及使用、利益分配等方面存在权责不明、管理不力的现象，造成资金使用效率低下，资金流失严重，资金的安全性、完整性无法得到保证等问题。

 思考题 7-4

请结合本书项目三中的六个案例，讲讲哪些案例中的哪个小故事涉及财务风险，他们又是如何化解的。

（四）创业者的心理素质

创业心理素质是指在环境和教育的影响下形成和发展起来的，在创业社会实践活动中全面地、稳固地表现出来并发挥作用的身心组织要素、结构及其质量水平，是对人的心理和行为起调节作用的个性意识特征。

过硬的心理素质是创业成功的一个重要保障。对初创者和学生创业者来说,由于其初入社会、阅历尚浅,在创业过程中会遇到各种各样的问题。如合作伙伴的突然离开、市场竞争对手的打压、大环境政策的突然变化等等。这些都是对创业者心理承受能力的挑战,只有心理素质过硬的人才能走到最后。相对于校园环境来说,社会环境还是有很大不同的。对初入社会的学生来说,许多人情世故方面的知识相对匮乏,而这些都会直接或间接地影响到创业的成功与否。很多创业者的创业之梦都是一时兴起,缺乏对市场及自身优势和弊端的认识,缺乏长远计划,这些都在无形之中增加了创业的风险。

二、 创业中风险的控制

(一) 创业环境风险控制

创业之前要对创业的大环境进行深入分析。其中包括以下几点:

1. 金融工具、政策等方面,如所在城市是否有对创业提供金融支持、有无税收优惠政策、场地租赁优惠政策以及对创业者提高创业知识的培训与教育,如果从事制造业的话还应该留意政府采购项目和科研成果转移。

2. 着重关注目标市场的开放程度和进入难度进行考察,如我国目前电信业并未向国外开放,汽车和金融行业正在逐步开放。

3. 了解当地的基础设施建设情况,如土地、交通、网络、法律服务机构的分布和使用情况等。

4. 确保所创的公司符合当地的社会文化和经济发展趋势,如我国发达地区已经逐步将污染型公司搬出,如果这时候选择在发达型城市开设煤电公司等会造成一定污染的项目,显然过不了当地政府审批这关。

思考题7-5

请结合项目三中的案例六《三无创业者的创业之路》,讲讲徐广源是如何确定淘宝代运营和游戏发行商这两个创业方向的,与创业环境风险控制有什么关系?

(二) 人力资源风险控制

很多时候,公司之间的竞争就是人才之间的竞争,这点在创新型的公司中更为明显,创业过程中最大的风险之一就是人才的流失。如何留住人才可以从以下几方面着手:

1. 营造愉悦的工作氛围,让员工的工作富有乐趣。
2. 建立激励机制,多劳多得,提高员工工作热情。
3. 为员工进行职业发展规划,对员工进行定期培养。
4. 适当提高工资福利待遇。对核心员工可以给予一部分股权,让员工入股公司。
5. 建立良好的公司文化。

思考题7-6

请结合项目三中的案例三《从大学兼职走到新媒体老板》,讲讲李宜蓓公司是如何进行公

司文化建设的？是如何帮助员工进行成长的？

（三）财务风险防范

资金问题是所有初创公司和准备创业的人都会遇到的"拦路虎"，有许许多多的公司都是因为流动资金出现了问题，倒在了"黎明前"。建立起有效的公司财务风险防范机制是非常有必要的，一般来说要着重注意以下几点：

1. 建立一套完整的财务风险预警机制，以便初创者对资金流进行有效控制。

2. 保持自有资金与借入资金的比例和适当的负债结构（长短结合，避免还款期过于集中或处于销售淡季）。

3. 制定还款计划，谨慎负债。利用举债加速公司发展的同时，必须加强公司管理，加速资金周转，努力降低资金占用额，尽力缩短生产周期，提高产销率，降低收账款项。

4. 增加融资渠道。对于初创业者和学生来说，直接争取风险投资是比较困难的，此时可以通过参加创业大赛、委托专门的风险投资公司、在网上发布众筹项目等。此外，还可以进行合作融资（合伙投资），按照"共同投资、共同经营、共担风险、共享利润"的原则，直接吸收单位或个人投资，建立起一支紧密的创业团队，合伙创业。这既能有效解决资金问题，还可以充分发挥人才的作用，并且有利于对各种资源的利用和整合，降低创业风险。

5. 科学有效地管理资金。一般可以通过以下几种方式实现：（1）用收付实现制的会计原则来管理现金流，采取有针对性的措施改善现金流状况。（2）调整赢利方式，稳定现金流入。（3）将短期对员工的加薪激励改为长期激励，直接将员工个人利益与公司的长期发展联系在一起，减缓短期现金流压力。（4）加强内部管理，提高费用支出的效率。对于初创公司，研发费用和销售费用需加强管理和控制。

（四）提升创业心理素质

创业决不是一帆风顺的，所以在面对困难挫折时保持自信乐观的心态和百折不挠的精神就显得尤为重要。一名创业者在创业前，要注重提升自己的心理素质，其中包括对失败的承受能力、时刻保持自信乐观的能力、对高度不确定性的承受能力以及宽容他人的能力等等。可以从以下几点来提升创业者的创业心理素质：

1. 增强自信。培养良好的创业心理素质，首先就是要增强自信感，因为自信与成功是相辅相成的，越自信越可能成功，越成功就越自信。创业者可以通过积极锻炼身体、说话时中气充沛、经常参加辩论赛、体育比赛等自我激励的方法来增强自信感。

2. 心理压力释放。创业过程中，创业者常常会面对各种压力，如果面临的压力过大，会造成心理冲突，不仅影响公司决策的正确性还严重影响人的健康。因此，创业者应学会适当地释放心理压力，在面对心理压力时，首先要找到压力源，理性分析压力，尽量消除一些不确定性。其次，创业者要对自己的人生观和世界观进行改造，对人生要乐观、通达，并进行一些简单的自我心理训练。最后，采取措施如情绪转移、寻求帮助等来释放心理压力。

3. 建立和谐的人际关系。人是社会化的人，我们处在一个复杂的人际关系环境中，对于创业者来说，和谐的人际关系尤为重要，良好的人际关系，有利于创业者保持心情的愉快，提高工作效率。因此创业者在协调人际关系时要学会沟通，取得家人和团队的理解和精神支持。

4. 克服惰性。惰性是指因主观上的原因而无法按照既定目标行动的一种心理状态，它是人懒惰的本性。这对创业者来说是致命的，当创业者有惰性心理时，做事就会迟迟不行动，一拖再拖,结果导致事情越积越多,或者很多事情不了了之,影响整个创业计划的执行。创业者应养成良好的习惯,制定中短期计划,并严格按照计划行事。还可以给自己制造一定的外在压力,用外力来督促自己,克服惰性。

5. 努力增加社会经验。初创者和学生创业者,在正式创业之前可以选择在相应的公司实习,前文的汽车维修、SEO优化、新媒体餐饮推广的案例都充分说明了这一点的重要性。实习期间积极请教前辈和老员工,为自己积累社会经验,同时也为日后的创业积累人脉。此外,创业之前还可以选择参加一些创业大赛,模拟创业,积极参加创业培训。将已规划和设计的产品,生产环节外包出去,自己负责销售产品。

思考题 7-7

请结合本书项目三中的六个案例,讲讲哪位创业者身上的哪个创业特质是令你印象最深的,为什么?

三、创业中的法律风险及防范

近些年随着"双创"热,创业团队前仆后继,创业激情一浪高过一浪,但创业项目启动只能算是迈出了第一步,真正能走到最后的只是凤毛麟角。创业失败,很多原因表面看上去是项目基因和团队成员的原因,但根本原因往往在于法律风险方面。

在欧美等发达国家,法律和财务是公司生存和发展的左肩右膀,创业的法律风险防范和管理意识普遍较高。但在我国,创业团队成员普遍年轻,社会阅历相对较低,法律常识较少,所以从创业之初就要关注创业法律风险的管理。以下是对于创业过程中一些常见法律风险的概述,以期能帮助各位在创业活动中有效进行法律风险规避,减少法律风险成本。

(一)创业公司组织形式的选择

企业的组织形式反映了企业的性质、地位和作用,表明一个企业的财产构成、内部关系以及与外部经济组织之间的联系方式。目前,我国常见的企业组织形式有公司制企业(有限责任公司、股份有限公司)、合伙制企业和个人独资企业三大类别。

1. 公司制企业:公司制企业最大的优势在于股东的有限责任,即使企业日后出现运营困难,无法偿还所有债务,债权人通常情况下也不能向股东要求偿还。

公司制企业的缺点主要表现在以下几方面:双重课税(公司作为独立的法人,其利润需交纳企业所得税,企业利润分配给股东后,股东还需交纳个人所得税);组建公司成本较高;经营者和所有者若非同一人会存在经营者损害委托人利益的情况。

2. 合伙企业:合伙企业的优势主要表现在以下几方面:第一,合伙企业无需缴纳企业所得税,只需缴纳个人所得税;第二,创办费用较低;第三,合伙人人数没有限制,可以从众多的合伙人处筹集资本;第四,合伙人对企业盈亏负有完全责任,有助于提高企业信誉。

合伙企业的劣势主要表现在以下几个方面:第一,普通合伙人都对企业债务负有无限连带责任;第二,权力分散,决策效率低,合伙人之间容易发生矛盾;第三,外部筹资比较困难。

3. 个人独资企业:个人独资企业的优势主要表现在以下几方面:第一,创立容易,结构简单;第二,无需缴纳企业所得税,投资者只需按照盈余缴纳个人所得税。

个人独资企业的劣势主要表现在:第一,投资者需要对企业承担无限责任;第二,企业年限受限于投资者的寿命;第三,规模较小,很难从外部获得资金。

7-1 个人独资公司让他负债累累

案例故事

大学生小张毕业后投资 15 万元设立了一家食品销售店,登记为个人独资公司。今年夏天因进货不慎,店内销售的食品导致李某一家中毒。小张把店里的全部货物及房产都做了抵押,仍不能偿清李某一家的治疗费用。据医院估计,要救治痊愈,还得花费 12 万元。所以,小张还要对后续 12 万的治疗费承担法律责任。如果小张设立的食品店是有限责任公司,在发生同样的债务时,情况就不一样了,小张承担的法律责任最多为其当初投资的 15 万元,不用再以其个人的其他财产予以清偿。

案例点评

由于小张设立的是个人独资公司,不具备法人资格,根据《个人独资公司法》第 31 条的规定,个人独资公司财产不足以清偿债务的,投资人应当以其个人的其他财产予以清偿。可见,个人独资公司在从事工商业活动时,股东承担的是不限于其投资的无限责任。

如果小张设立的是有限责任公司,那公司是法人组织,能够独立承担法律责任。根据《公司法》第 3 条的规定,公司是公司法人,有独立的法人财产,享有法人财产权。公司以其全部财产对公司债务承担法律责任。股东以其认缴的出资额为限对公司承担法律责任。这样,小张赔完之前开设食品店投资的 15 万元就不用再进行后期赔付了。

案例讨论

如果你在家附近开家小超市作为创业项目,设立哪种组织形式的公司更适合自己呢?

（二）合同中的风险

在市场环境下,公司的每一次经济运作几乎都要通过市场交易来完成,用法律的语言来讲就是通过契约来完成。现代社会契约更多的被称为合同,在合同的约定和履行过程中,我们在新创公司经营活动中要注意以下三个合同法律问题:

1. 合同的形式与证据

《合同法》第 10 条规定,"当事人订立合同,有书面形式、口头形式和其他形式"。根据我国现行《合同法》的规定,口头形式可以订立合同,而且与书面合同具有同样的法律效力。但在合同履行的实践中,以口头形式订立的合同如果发生纠纷,往往存在取证困难的问题,所以创业者最好使用书面形式订立合同,并留存至少一份合同的原件,因为在司法实践中合同复印件是不能作为证据使用的。

采用录音资料作为证据必须要符合我国对收集证据的相关规定。在录音资料方面,我国法律规定,在录音内容开始部分必须包含双方当事人的合意表述,否则不能作为证据使用。如录音开始后,一方当事人必须向对方当事人强调,"下面的内容要被录音,将来可能要被作为证据使用,你是否同意?"合同的另一方当事人表示,"同意"。在履行完上述法定程序后,录音资料中的录音内容才能作为合法证据使用。

2. 合同的内容是否具体明确

在订立合同的过程中，一定要注意合同内容具体明确，否则会给公司带来一定的法律风险。

7-2　一件衣服让他赔了6400元

案例故事

小明毕业后选择了创业，他加盟了一家品牌干洗店。一天，客户送来了一套名牌西装需要干洗，洗衣店给客户出具了一张洗衣店统一的收据，收据上写明"洗衣费50元，洗衣如果发生毁损、遗失，赔偿衣服费用的2倍"。当天，衣服在运往总店的途中发生了遗失，客户要求赔偿。客户认为是赔偿衣服价格的2倍，衣服购买时的发票显示价格是3 000元，于是要求干洗店赔偿6 000元。小明自己认为，赔偿标准收据中有规定，赔偿衣服费用的2倍，这个衣服费用指的是洗衣费50元，所以小明同意赔偿100元。客户不同意，于是两人便发生了争执。

案例点评

两人争执的矛盾点在于是衣服原价的2倍还是洗衣费用的2倍，根据我国《合同法》第41条规定，对格式条款的理解发生争议的，应当按照通常理解予以解释。对格式条款有两种以上解释的，应当作出不利于提供格式条款一方的解释。格式条款和非格式条款不一致的，应当采用非格式条款。所以，根据此项规定，小明需赔偿6 400元。

案例讨论

结合本案例，请你帮小明改一下洗衣收据上的说明，以防止下次再出现此类大额赔偿。

3. 违约诉讼的时效性

在履行合同的过程中，如果对方违约，必须及时行使权利进行保护，因为根据我国现行的法律法规，国家对权利的保护是有时间限制的。我国《民法通则》第135条规定，向人民法院请求保护民事权利的诉讼时效期间为2年，法律另有规定的除外。第136条规定，下列的诉讼时效期间为1年：(1)身体受到伤害要求赔偿的；(2)出售质量不合格的商品未声明的；(3)延付或者拒付租金的；(4)寄存财物被丢失或者损毁的。

7-3　A公司还能追回欠款吗?

案例故事

2015年5月1日，A公司与B公司达成一项合同，约定A公司2015年6月1日向B公司供货，同日B公司付款，货款10万。2015年4月1日，A公司按约定履行，但B公司却没有按时付款,由于 B 公司一直是 A 公司的老客户,所以在这 10 万元的款项上,A 公司并没有去催要货款。到了 2017 年 5 月,A 公司与 B 公司因业务发生矛盾,A 公司派工作人员去 B 公司催要 2015 年 5 月 1 日的 10 万元货款,可是 B 公司拒绝还款。

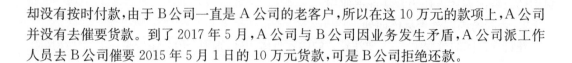

案例点评

A 公司没有及时催讨 2015 年 5 月 1 日的货款是因为考虑到当时 B 公司是他们的长期合作伙伴,急着讨要欠款好像有点面子上抹不开,同时也考虑到将来继续合作的关系,这一拖就是 2 年。根据《民法通则》,A 公司不可能通过法律途径要回 10 万元的货款,因为 A 公司主张权利的时间已经过了 2 年的诉讼时效。

案例讨论

请你帮助 A 公司算一下,A 公司向 B 公司索要货款,法律能支持的最后时限是什么时间?

（三）初创公司中用工问题

在创业初期,公司往往由于资金的限制,总希望能更多地节约劳动力成本,同时很多初创业者并不熟悉《劳动合同法》,最终给公司带来劳动法律诉讼,使得公司成本不但没有降低,反而因为败诉而导致运营成本增加。其法律问题主要体现在以下两方面:

1. 未及时与劳动者签订劳动合同的风险

很多公司在初创期,创业者往往并不重视劳动合同的及时签订,甚至有的创业者还想通过拖延签订劳动合同来减少员工缴纳"四金"。《劳动合同法》第 10 条规定,建立劳动关系,应当订立劳动合同。第 82 条规定,用人单位自用工之日起超过一个月不满一年未与劳动者订立书面劳动合同的,应当向劳动者支付二倍的工资。第 14 条规定,用人单位自用工之日起满一年不与劳动者签订书面劳动合同,视为用人单位与劳动者已订立无固定期限劳动合同。

可见,初创者在引进新员工后要及时与他们签订劳动合同,这个时间是自用工之日起一个月内,超过一个月,如果发生纠纷将会给公司带来一定的法律风险。

2. 不为员工购买社会保险的风险

公司不为员工购买社会保险,在社会司法实践中,一般都是公司败诉。若补缴社会保险,还要交纳滞纳金,随着社会平均工资的增长,社会保险的缴纳数额也在不断增长,如果欠缴的月份过长,则需要补缴的社保数额较大,同时滞纳金也是不小的一笔数额。更为严重的是,如果员工发生重特病产生大额医疗费用时,公司将面临大额赔付。

（四）关于加盟涉及的问题

加盟者需要审查特许经营人的注册商标的所有权人是谁、是否为驰名商标、公司的产品是否为专利产品、专利人是谁、公司现有几个直营店、每个店的经营情况如何等等。

特许人从事特许经营活动应当拥有自己的商标,拥有至少 2 个直营店,并且经营时间超过 1 年。如果加盟的是关于专利产品,则需要拥有专利权。并且特许人应当自首次订立特许经营合同之日起 15 日内,依照本条例的规定向商务主管部门备案。符合规定的特许人,都应当通过政府网站进行备案,网址为 www. mofcom. gov. cn。

（五）知识产权保护问题

许多初创公司对商标、专利、商业秘密等知识产权不够重视，以致公司内部容易发生技术泄密和侵权等事件。因此创业者需要建立知识产权整体保护策略、方案设计，建立企业内部商号、域名、商业秘密保护制度，及时进行商标专利申请，及时申请版权注册，申请著名商标、驰名商标认定，及时进行知识产权海关备案、质押登记；发生侵权的时候要及时提出异议，复审行政程序，发生纠纷时注意知识产权保护调查取证，综合运用行政保护与司法保护两种途径开展知识产权保护。

参考文献

[1] 辛建中,吴朝晖,汪继彬.论创业风险意识教育[J].科技创业月刊,2009(12).

[2] 张蕾.当前大学生创业问题成因及对策分析[J].河北工程大学学报,2010,27(1).

[3] 赵露明.大学生自主创业现状分析与对策探讨[J].才智,2011,(2).

[4] 田军鹏.微创业：大学生创业与创业教育的新视角[J].福建医科大学学报(社会科学版),2013(1).

[5] 石志忠.大学生创业问题与对策研究[J].时代经贸,2010,(29).

[6] 姜彦福,张帏.创业管理学[M].北京：清华大学出版社,2005.

[7] 张莉：大学生创业现状分析及对策研究[J],科技与市场,2008.2.

[8] 普楠·莎玛.哈佛公司家创业指南[M].北京：世界知识出版社,2006.

[9] 郑明龙.创业者必知：你可能遇到的 8 类法律风险（上）[EB/OL].创业邦 http://www.cyzone.cn.

[10] 周垂坤.公司创业过程中需要注意的法律问题[EB/OL].法律快车 http://www.lawtime.cn/default.php.

项目八　测测你的气质类型与适合的职业

一、经典四种气质类型

（一）案例：迟到者反应的气质类型

苏联心理学家达威多娃做过一项实验，有四个人去戏院看戏，都迟到了15分钟，工作人员拦住他们："先生/女士，对不起，您已经迟到15分钟，为了不影响他人，您不能进入。"

第一个人面红耳赤地争论道："为什么不让我进！你知道我为什么迟到吗？刚才有个老大娘摔倒了，我为了扶她才来晚，我是做好事，怎么能不让我进？"

工作人员："好好好，别吵了，进去吧。"

第二个人不急不缓地说道："听你的口音，你是福建人吧？我老婆也是，这里有福建的烟，你来根。我是税务局的，以后有什么事情，尽管找我。"

工作人员笑笑接过烟说道："快进去吧。"

第三个人："不让进？好吧，那我就站在旁边等，不走了。"第一个人进去了，"他为什么能进？"工作人员："他做了好事。""第二个人，又是什么原因？"

工作人员："……算了，算了，你也进去吧。"

第四个人："呀！我确实迟到了，不好意思！"离开。

工作人员：就这么走了？

（二）案例分析：迟到者的气质类型分析

第一个人的气质类型：胆汁质，这类型的人精力充沛、情绪发生快而强、言语动作急速而难以自制、热情、显得直爽而大胆、易怒、急躁。第一个人与检票员争吵起来，想闯入剧场，较为典型的胆汁质特点的人物代表是《水浒传》中的李逵、《三国演义》中的张飞。

第二个人气质类型：多血质，该类型的人活泼好动、敏感、情绪发生快而多变，注意力和兴趣容易转移，思维动作言语敏捷、亲切、善于交往，但也往往表现出轻率、不真挚。多血质的人对检票员的做法很理解，但随即又找到了一个没人检查的入口进剧场，安心看戏。《红楼梦》中的王熙凤、《三国演义》中的曹操就非常具有多血质的特点。

第三个人气质类型：黏液质，该类型的人安静、沉稳、情绪发生慢而弱、言语动作和思维比较迟缓，显得庄重、坚韧，但也往往表现出执拗、淡漠。黏液质的人很理解检票员的做法，并自我安慰"第一场戏总是不太精彩，先去小卖部买点吃的休息一下，等幕间休息再进去不迟"；较为典型的代表人物有《水浒传》中的林冲。

第四个人气质类型：这是典型的抑郁质，柔弱易倦、刻板认真、情绪发生慢而强、体验深沉，言行迟缓无力、胆小忸怩、善于觉察别人不易觉察的细小事物，容易变得孤僻。抑郁质的人早就对自己的行为很后悔，认为这场戏不该看，进而想到"我运气不好，如果这场戏看下去，还不知要出什么麻烦呢！"于是，扭身回家去了。《红楼梦》中林黛玉的个性特点就非常符合抑郁质这一气质类型。

我们不难发现气质类型的划分为我们了解自己和他人提供了一些参考依据,每种气质类型也都有各自的优缺点。应当指出的是,并不是所有的人都可按照四种传统气质类型来划分,只有少数人是四种气质类型的典型代表,大多数人都是近似于某种气质,同时又与其他气质结合在一起。

（三）西游记中师徒四人的气质类型

请结合下文对《西游记》中四位取经队成员的描述以及四种气质类型的描述,给四位主角填上所属的气质类型。

唐僧：似乎是一个不食人间烟火的圣人,如果要选出团队中最无能的人,我想很多人会把唐僧"投"出来,理由似乎也很充分,他什么本事也没有、有时还善恶不分、固执己见,总是在落入陷阱后才大叫"悟空,救我"。虽然唐僧表面上看起来不会打妖怪,比较软弱,可实际上意志最坚定的就是他,不管遇到怎样的挫折,比如在孙悟空受到委屈愤然离去时、猪八戒碰到打不过的大妖怪嚷嚷着要回高老庄时、沙僧沉默颓然的时候,他西行取经的决心丝毫未减。

唐僧的心目中有一个战略目标——西天取经,而且有为达成这个目标百折不挠的决心!而这一点是其他三个人所不具备的。只有唐僧明白去西天取回真经的目的是普渡众生,而孙悟空的目的是从被压了五百年的五指山下出来、八戒和沙僧的目的则是重返仙界,连白龙马的目的也是赎罪。至于为什么要去取经,取回来干什么,他们一无所知。这就像团队分配任务给员工一样,他们通常就是尽力完成它,而很少想他们的任务目标和组织的战略目标有什么联系,他们为什么要这样做? 当然就更不会去思索组织的战略目标达成后会有什么影响。可以说他们五个中只有唐僧的目标是具有战略性的。

孙悟空：在这个团队里扮演了一个解决问题的"专家",他基本上无所不能,是典型的业务骨干和精英,总是用最快的速度解决问题,似乎总有用不完的精力和能量,行事刚毅果敢,是西行的路上解决困难的中流砥柱,不过情绪很不稳定,容易激动,似乎这个团队有他就足够了。同时孙悟空还有一个致命的缺点,那就是容易冲动,他与唐僧刚好相反,一个喜静一个好动,一个慢一个快,所以组织中的冲突也在所难免。

猪八戒：为人热情奔放,总也闲不住,到处找乐子。他情感外露善于交际,虽然为人好吃懒做但也具有相当的业务技能,当孙悟空不在时也能挡一阵子,对保持团队持续高效地运转不可或缺,西天取经的路上要不是有他,那将是一段多么枯燥而乏味的行程。

沙和尚：沉默寡言、随和低调,低调得让人们差点就忘记了他的存在,但正是他任劳任怨,这个团队里所有的琐碎而乏味的工作基本上都落在了他的身上,而且当其他三人发生冲突时,也是他从中斡旋。

（　　　　　）

（　　　　　）

（　　　　）

（　　　　）

黏液质：安静稳定，寡言少语，注意力难转移而且很固执，但目标明确。
胆汁质：直率热情，精力旺盛，行动敏捷，易冲动。
多血质：活泼好动，喜欢交往。
抑郁质：行动迟缓，孤僻，但善于观察到别人不容易察觉的细节。

（四）为什么说唐僧师徒四人是中国最完美的创业团队？

在工作中我们经常会听到一些抱怨，诸如：下属能力太差不堪重用、同事性格不好无法相处、有能力不被领导所重视等等，或许西游记中唐僧师徒四人的故事能够带给我们一些启发。

先说说这三位徒弟，孙悟空能力高强，但性格散漫，不太听领导（唐僧）的话；猪八戒能力一般，还自以为是，工作态度较差，经常偷懒；沙僧能力在三人中最差，但工作态度最好，最听领导的话。这三个徒弟，都有缺点，相互之间也不见得很合得来，但正是这三人却辅佐唐僧完成了西天取经的大业。

设想一下，如果三个徒弟都像孙悟空，谁都不服谁，个个都要当"第一"，唐僧恐怕要天天忙着协调内部矛盾，根本没时间去西天取经。如果三个都是沙僧，团队的凝聚力、服从性是非常的好，但碰到厉害些的妖怪怎么办？恐怕毫无还手之力，这样他们取经路没走几天就被妖怪吃了。猪八戒，别看他缺点一大堆，但大师兄偶尔不在的时候他还能顶一阵子，比沙僧管用，况且八戒是个活宝，少了他，这漫漫取经路将少了许多乐趣，但如果团队里三个徒弟都是八戒，那没人打妖怪，没人扛行李，估计三人能天天坐那聊天。所以说，这徒弟三人每个人在团队中都有自己的用处，缺了谁还都不行。

再说说领导唐僧，业务能力差（不会打妖怪）、优柔寡断、容易被表象蒙骗，凭什么让他当领导呢？其实，唐僧也有他突出的优点。首先，他意志坚定，朝着西天的目标勇往直前，从不畏难退缩、中途逃跑（悟空受委屈时就要回花果山，八戒打不过妖怪时就要回高老庄），这就是领导比一般人强的地方！其次是有包容心，不管哪个徒弟顶撞了他，他都能做到以德服人，从不记仇，由此得到了徒弟们的尊敬。再者，唐僧总是以身作则，带头遵守纪律，有时候还将省下的口粮分给八戒，当他与徒弟一起被抓时还对妖怪大喊"要吃先吃我"。这样的领导怎能不征服三位徒弟？所以说，虽然唐僧业务水平为零，身上有诸多缺点，但在这个团队内却是最适合当领导的。

对照唐僧师徒四人，我们身边的许多领导、下属或同事都可以对号入座。师徒四人间遇到的各种矛盾，比如下属不听领导的命令（悟空就经常不听唐僧的话，八戒就算听了执行起来也会打折)、领导也会犯错误(三打白骨精时唐僧就曾冤枉过悟空)、同事之间互相看不顺眼(八戒就经常看不惯孙悟空,悟空嫌八戒本领弱),但人无完人,每个人都有自己的优点和特点,各种各样的人组合起来才构成一个团队。每个人在团队中发挥自己的长处,互相促进而不是互相拆台,这样才能打造一个有战斗力的高效团队。我们应该随时调整自己以适应这个团队,而不要总是期望团队会为你做出改变。

最后总结:唐僧这样的领导,对自己的目标非常执着;孙悟空虽然很自以为是,但是很勤奋,能力强;猪八戒虽然懒一点,但是却拥有积极乐观的态度;沙僧,从来都不谈理想,脚踏实地地上班。因此,这四个人合在一起形成了中国最完美的团队。

思考题 8-1

结合案例中的描述和我们熟知的《西游记》故事,分析一下你觉得唐僧身上有哪些优秀的地方让他带领三位徒弟完成取经大任?

二、 测试属于你的气质类型

心理学家把气质分为多血质、胆汁质、黏液质、抑郁质四种类型。不同气质类型的人在生活和工作中会表现出不同的心理活动和行为方式。

不同职业对人的气质有特定的要求,如医务人员要求耐心、细致,飞行员要求机智灵敏、注意力集中等特点。气质具有相对的稳定性,但后天也可以锻炼改造,况且纯粹属于某一气质类型的人很少,大多数人都是几种气质类型兼具的混合体。

(一) 气质类型测试说明

一共 60 题,尽量在 45 分钟内完成。当你阅读每一题目时,请考虑是否符合你自己的实际情况和看法。请尽快填写你看完题目后的第一印象,不要在每一道题目上费太多时间思索。答案无所谓对与不对,好与不好,完全不必有任何顾虑。

测试评分标准:对于每一题,你认为非常符合自己情况的记"+2",比较符合的记"+1",拿不准的记"0",比较不符合的记"-1",完全不符合的记"-2"。

(二) 气质类型测试题目

1. 做事力求稳妥,一般不做无把握的事。

2. 遇到可气的事就怒不可遏,想把心里话全说出来才痛快。

3. 宁可一个人干事,也不愿很多人在一起。

4. 到一个新环境很快就能适应。

5. 厌恶那些强烈的刺激,如尖叫、噪音、危险镜头等。

6. 和别人争吵时总是先发制人,喜欢挑衅别人。

7. 喜欢安静的环境。

8. 善于和别人交往。

9. 是那种善于克制自己感情的人。

10. 生活有规律,很少违反作息制度。

11. 在多数情况下,情绪是乐观的。

12. 碰到陌生人觉着很拘束。

13. 遇到令人气愤的事,能很好地自我克制。

14. 做事总是有旺盛的精力。

15. 遇到事情总是举棋不定,优柔寡断。

16. 在人群中从不觉得过分拘束。

17. 情绪高昂时,觉着干什么都有趣,情绪低落时,又觉得干什么都没意思。

18. 当注意力集中于一事物时,别的事很难使自己分心。

19. 理解问题总比别人快。

20. 碰到问题时总有一种极度恐怖感。

21. 对学习、工作怀有很高的热情。

22. 能够长时间做枯燥单调的工作。

23. 符合兴趣的事情,干起来劲头十足,否则,就不想干。

24. 一点小事就能引起情绪波动。

25. 讨厌那种需要耐心细致的工作。

26. 与人交往不卑不亢。

27. 喜欢参加热闹的活动。

28. 爱看感情细腻、描写人物内心活动的文艺作品。

29. 工作学习时间长了,常感到厌倦。

30. 不喜欢长时间谈论一个问题。

31. 愿意侃侃而谈,不愿窃窃私语。

32. 别人总是说自己闷闷不乐。

33. 理解问题常比别人慢些。

34. 疲倦时只要短暂休息就能精神抖擞,重新投入工作。

35. 心里有话,宁愿自己想,不愿说出来。

36. 认准一个目标,就希望尽快实现,不达目的,誓不罢休。

37. 学习或工作同样一段时间后,常比别人更疲倦。

38. 做事有些莽撞,不考虑后果。

39. 老师或他人讲授新知识、技术时总希望他讲得慢些,多重复几遍。

40. 能够很快忘记那些不愉快的事情。

41. 做作业或完成一项工作总比别人花的时间多。

42. 喜欢运动量大的剧烈体育活动,或者参加文艺活动。

43. 不能很快地把注意力从一件事情上转移到另一件事情上去。

44. 接受一个任务后,就希望把它迅速解决。

45. 认为墨守成规比冒险些强。

46. 能够同时注意几件事物。

47. 当烦恼时,别人很难使自己高兴起来。

48. 爱看情节起伏跌宕,激动人心的小说。

49. 对工作认真严谨,有始终一贯的态度。

50. 和周围人的关系总是相处不好。

51. 喜欢复习学过的知识,重复做熟练的工作。

52. 喜欢做变化大,花样多的工作。

53. 小时候会背的诗歌,似乎比别人记得清楚。

54. 别人说自己"出语伤人",可自己并不觉得。

55. 在体育活动中,常因反应慢而落后。

56. 反应敏捷,头脑机智。

57. 喜欢有条理而不甚麻烦的工作。

58. 兴奋的事常使自己失眠。

59. 老师讲新概念,常常听不懂,但弄懂以后就很难忘记。

60. 假如工作枯燥,马上就会情绪低落。

(三)气质类型统计结果

胆汁质

统计第 2　6　9　14　17　21　27　31　36　38　42　48　50　54　58 题总分(　　　)

多血质

统计第 4　8　11　16　19　23　25　29　34　40　44　46　52　56　60　题总分(　　　)

黏液质

统计第 1　7　10　13　18　22　26　30　33　39　43　45　49　55　57 题总分(　　　)

抑郁质

统计第 3　5　12　15　20　24　28　32　35　37　41　47　51　53　59 题总分(　　　)

记分方法:

A. 如果某一项,或两项的得分超过 20,则为典型的该气质。

B. 如果某一项,或两项的得分在 20 分以下,10 分以上,其他各项分数较低,则为该项一般气质。

C. 若各项得分均在 10 分以下,但某项或几项得分较其余几项为高(相差 5 分以上),则为略倾向于该气质,或几项的混合,如果略偏黏液质型,多血质—胆汁混合型。其余类推,一般来说,正分值越高,表明该气质越明显,反之,值越低越负,表明越不具备该项气质特征。

三、你的气质类型性格特点及所适合的工作

(一)多血质

神经特点:感受性低,耐受性高,不随意反应性强,具有可塑性,情绪兴奋性高,反应速度快而灵活。

心理特点:活泼好动,善于交际;思维敏捷;容易接受新鲜事物;情绪、情感容易产生也容易变化和消失,容易外露;体验不深刻。

典型表现:多血质又称活泼型。多血质的人大多机智,聪明,兴趣广泛,能迅速把握新事物,善于交际,在新的环境里不感到拘束。在工作中、学习上富有精力而效率高,表现出机敏的工作能力,善于适应环境的变化。在集体中精神愉快,朝气蓬勃,愿意从事符合实际的事业,能对事业心向神往,能迅速地把握新鲜事物,在有充分自制能力和纪律性的情况下,会表现出巨大的积极性。但做事缺乏持久性,注意力转移的快。还有,多血质的人眼高手低,小事不做,大事做不了。(眼高手低、见异思迁、随波逐流)

职业方向:要求反应迅速并敏捷的工作对他们最为适合,在从事复杂多变和多样化的工作方面往往成绩显著。

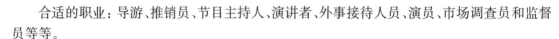

合适的职业：导游、推销员、节目主持人、演讲者、外事接待人员、演员、市场调查员和监督员等等。

（二）胆汁质

神经特点：感受低，耐受高，不随意反应强，外倾性明显，情绪兴奋性高，控制力弱，反应快但不灵活。

心理特点：坦率热情；精力旺盛，容易冲动；脾气暴躁；思维敏捷，但准确性差；情感外露，办事持续时间长。

典型表现：胆汁质又称力量型或战斗型。情绪易激动，喜欢控制的感觉，不喜欢被控制，暴躁，一爆发而不能自制；反应迅速，行动敏捷；在语言上，表情上，姿态上都有一种强烈而迅速的情感表现；能够以极大的热情投身于事业，能够与艰难困苦作勇敢坚决的斗争，在克服困难上有不可遏止和坚韧不拔的劲头，而不善于考虑是否能做到，一旦精力消耗殆尽，往往对自己的努力失去信心，甚至半途而废，前功尽弃。（刚愎自用、冲动莽撞）

适合职业：管理工作、外交工作、驾驶员、服装纺织业、餐饮服务业、医生、律师、运动员、冒险家、新闻记者、演员、军人、公安干警等等。

（三）黏液质

神经特点：感受性低，耐受性高，不随意反应低，外部表现少，情绪具有稳定性，反应速度不快但灵活。

心理特点：稳定，考虑问题全面；安静，沉默，善于克制自己；善于忍耐，情绪不易外露；注意力稳定而不容易转移，外部动作少而缓慢。

典型表现：黏液质又称和平型。在生活中是一个坚持而稳健的辛勤工作者。由于这些人具有与兴奋的过程向均衡的强的抑制，所以行动缓慢而沉着，严格恪守既定的生活秩序和工作制度，不为无所谓的原因而分心。黏液质的人态度持重，交际适度，不做空泛的清谈，感情上不易激动，不易发脾气，也不易流露情感，能自制，也不常常显露自己的才能。这种人长时间坚持不懈，有条不紊地从事自己的工作。其不足是有些事情不够灵活，不善于转移自己的注意力。惰性是他因循守旧，表现出固定性有余，而灵活性不足。黏液质的人一般拥有从容不迫和严肃认真的品德，以及性格的一贯性和确定性。（按部就班、被动淡漠、墨守成规）

适合职业：外科医生、法官、管理人员、出纳员、会计、播音员、话务员、调解员、教师、人力人事主管等。

（四）抑郁质

神经特点：感受性高，耐受性低，随意反应低，情绪兴奋性高。

心理特点：沉静，对问题感受和体验深刻，持久；情绪不容易表露；反应速度慢但却深刻，准确性高。

典型表现：抑郁质又称完美型。有较强的感受力，易动感情，分析能力很强，对于细节方面很注意，能观察到别人不容易察觉到的地方；对外部环境变化敏感，喜欢安全的感觉，讨厌冒险风险；这一类的人比较敏感，外表行为相对扭捏、怯弱、怀疑、孤僻、优柔寡断。具有批判主义倾向，有时候能在关键时刻提供较好的意见。（多愁善感、优柔寡断、孤僻多疑）

适合职业：校对、打字、排版、检察员、雕刻工作、刺绣工作、保管员、机要秘书、艺术工作者、哲学家、科学家。

四、 创业者应具备的性格特点

（一）自信

相关词：激情、自尊、乐观、决心

解释：对创业者来说，自信心就是创业的动力。对自己有信心、对未来有信心，坚信成败并非命中注定而是全靠自己的努力，更要坚信自己能战胜一切困难。一个创业者如果缺乏信心，很难做到下面所说的坚韧、冒险以及展开创业行动，即便勉强行动，也必定会畏首畏尾。

（二）坚韧

相关词：坚持、毅力、吃苦耐劳

解释：创业的过程像是逆流而上，可以利用的是机会，无法避免的是艰难险阻与险恶江湖。所以，创业的路上更需要坚韧不拔之意志，不轻言失败之精神。

（三）冒险精神

相关词：气魄、胆识、决断、勇气

解释：成功需要经验的积累，创业的过程就是在不断的失败中跌打滚爬。只有在失败中不断积累经验，不断前行，才有可能到达成功彼岸。美国 3M 公司有一句关于创业的"至理名言"："为了发现王子，你必须与无数只青蛙接吻。"对于创业家来说，必须有勇气直面困境，敢于与困难"接吻"。

（四）行动能力

相关词：执行力

解释：创业是商业行动，实现目标最直接的方法就是进行有效的行动。执行力就是贯彻战略意图，完成预定目标的实际操作能力。它是企业竞争力的核心，是把企业战略、规划转化成为效益、成果的关键。

（五）团队合作能力

相关词：协作能力、合作能力、组织能力

解释：团队合作能力，是指建立在团队的基础之上，发挥团队精神、互补互助以达到团队最大工作效率的能力。对于团队的成员来说，不仅要有个人能力，更需要有在不同的位置上各尽所能、与其他成员协调合作的能力。在创业的过程中，特别是创业团队，是由各种人才组成的，如果把团队比喻成一台机器，那团队内成员就是零部件，单独的一个零部件发挥不了作用，只有组合在一起才能使各个组成部分的作用得到充分的发挥。

（六）商业头脑

相关词：商业嗅觉、商业眼光

解释：商业头脑和学历没有关系，大部分情况下只能在社会中锻炼而成，这是一种经历的积累和判断力的积累。简而言之，就是有一双"善于发现"的眼睛。发现市场中的机会，发现市场中的各模块中的连接缝隙。

（七）领袖精神

相关词：领导力、管理能力

解释："一只狮子领着一群羊，胜过一只羊领着一群狮子。"这句西方谚语说明了领袖精神对于创业者的重要性。企业成功离不开团队力量，但更多取决于领导者。创业者是企业的一面精神旗帜，他把握着整个公司发展的方向、节奏和战略。

（八）创新精神

相关词：改革、革新、创造力、开创性

解释：创新精神并不是完全摒弃原有的事务和思想，而是在原有的基础上加以改进，以在现有的思维模式提出有别于常规或常人思路的见解为导向，利用现有的知识和物质，在特定的环境中，本着理想化需要或为满足社会需求，而改进或创造新的事物（包括产品、方法、元素、路径、环境），并能获得一定有益效果的行为。创新是企业文化的精髓，是企业长盛不衰的法宝。松下电器、IBM、英特尔、柯达等百年企业之所以生存至今，原因就在于其创新精神长盛不衰，非常重要的一条就是企业文化像基因一样植入到企业的细胞当中去。

五、 测测你自己的创业性格

创业基本素质测试

创业是一个充满成就感、金钱感的词语，但并非每一个人都适合走创业、当老板的道路。美国 HMO 协会设计出了一份问卷，测试结果或许可以作为你决策的参考意见。

测试说明：下列各题均有四个选择，答案：A. 是（记 4 分）；B. 多数（记 3 分）；C. 很少（记 2 分）；D. 从不（记 1 分）。请在符合你实际情况的小括号内填上 A、B、C、D。

1. 在急需做出决策的时候，你是否在想："再让我考虑一下吧？"（   ）

2. 你是否为自己的优柔寡断找借口说："是得好好慎重考虑，怎能轻易下结论呢？"（   ）

3. 你是否为避免冒犯某个或某几个有相当实力的客户而有意回避一些关键性的问题，甚至表现得曲意逢迎呢？（   ）

4. 你已经有了很多写报告用的参考资料，但仍责令下属部门继续提供？（   ）

5. 你处理往来函件时，是否读完就扔进文件框，不采取任何措施？（   ）

6. 你是否无论遇到什么紧急任务，都先处理琐碎的日常事务？（   ）

7. 你非得在巨大的压力下才肯承担重任吗？（   ）

8. 你是否无力抵御或预防妨碍你完成重要任务的干扰与危机？（   ）

9. 你在决定重要的行动计划时常忽视其后果吗？（   ）

10. 当你需要作出可能不得人心的决策时，是否找借口逃避而不敢面对？（   ）

11. 你是否总是在快下班时才发现有要紧事没办，只好晚上回家加班？（   ）

12. 你是否因不愿承担艰苦任务而寻找各种借口？（   ）

13. 你是否常来不及躲避或预防困难情形的发生？（   ）

14. 你总是拐弯抹角地宣布可能得罪他人的决定？（   ）

15. 你喜欢让别人替你做自己不愿做的事吗？（   ）

创业基本素质自测诊断结果：

50—60 分：你的个人素质与创业者相差甚远；

40—49 分：你不算勤勉，应彻底改变拖沓、效率低的缺点，否则创业只是一句空话；

30—39 分：大多数情况下充满自信，但有时犹豫不决，不过没关系，有时候犹豫是成熟、稳重和深思熟虑的表现；

15—29 分：你是一个高效率的决策者和管理者，更是一个成功的创业者，具有良好的心理素质和坚忍不拔的毅力。

 ### 果断性测试

　　果断性是指一个人能明辨是非,在紧急关头当机立断地采取决定并执行决定。果断性以正确认识,当机立断与勇敢行动为特征,以深思熟虑和审时度势为前提条件。

　　果断,不是面对抉择或突变瞻前顾后,犹豫彷徨,也不是轻率冒失,马上行动;更非排斥他人建议,主观武断。

　　测试说明:你的果断性如何? 你是否具备果断性的基本素质? 下面测试会使你对自己的果断品质有一个了解。请对问题作出肯定或否定的回答,将"是"或"否"置入题后小括号中。

　　1. 你能在旧的工作岗位上轻而易举地适应与过去的习惯迥然不同的新规定、新方法吗?(　　　)

　　2. 你进入一个新的单位,能够很快适应这一新的集体吗?(　　　)

　　3. 你要为家里购买一架风扇,发现风扇造型、档次、功效的种类极丰富,远不是当初想象的那么简单。你是否走遍全市所有商店才决定要买哪种?(　　　)

　　4. 若熟人为你在其他单位提供一个薪资更加优厚的职位,你会毫不犹豫答应前往吗?(　　　)

　　5. 如果做错了事,你是否打算一口否认自己的过失,并寻找适当的借口为自己开脱?(　　　)

　　6. 平常你能否直率地说明自己拒绝某事的真实动机,而不虚构一些理由来加以掩饰?(　　　)

　　7. 在讨论会上,经过一番辩论和考虑,你能否改变自己以前对这个问题的见解?(　　　)

　　8. 你履行公务或受人之托阅读一部他人作品,作品主题正确,可你对写作风格很不欣赏。那么,你是否会修改这部作品,并坚持按自己的想法对它进行大幅度修改?(　　　)

　　9. 你在商店橱窗里看到一件十分中意的东西,它对你并非必需,你会买下来吗?(　　　)

　　10. 如果一位很有权威的人士对你提出劝告,你会改变自己的决定吗?(　　　)

　　11. 你总是预先设计好度假的节目,而不是"即兴发挥"吗?(　　　)

　　12. 对自己许下的诺言,你是否一贯恪守?(　　　)

　　13. 假若你了解到在某件事上上司与你的观点截然相反,你还能直抒己见吗?(　　　)

　　14. 今天是校友会踏青的日子,你打扮得潇洒利落。但天气似乎有变,带雨具吧又难免累赘拖沓,你能很轻松地马上作出决定吗?(　　　)

　　15. 你花费了很多时间、精力搞出一个设计方案,按说也不错,可总觉得非最佳方案。你是否请求暂缓提高,再仔细斟酌一下呢?(　　　)

　　评分标准:

题号	是	否	题号	是	否	题号	是	否
1	3	0	6	2	0	11	1	0
2	4	0	7	3	0	12	3	0
3	1	0	8	2	0	13	3	0
4	2	0	9	0	2	14	2	0
5	0	4	10	0	3	15	0	3

果断性测试诊断结果：

A 型（0—12 分）：优柔寡断。任何决定对你来说都是一桩难事，你总得反复和朋友商量后才能作出一个并不爽快的决定；如果有谁替你作出所有决定，你简直对他感激不尽了；你使人觉得难以信赖，与你共事或生活会觉得疲劳。不过你无须绝望，试着在日常琐事上"冒险冒险"，天长日久会有所改善的。

B 型（13—24 分）：小心审慎。在需要紧急决断的事上，你可以当机立断。一旦作决定的时间较为充裕，各种疑虑便向你袭来。于是，你就希望依靠别人，或者和朋友商量，或者去征求师长、上级的"同意"。其实你是有决断能力的，相信自己的头脑和经验吧。

C 型（25—36 分）：相当果断。你具有足够的逻辑判断力及丰富的经验，这使你能迅速作出合理的决定，偶尔出现失误，你一经意识到就会加以补救；你不经常询问他人意见，但从不排斥别人的建议；你一下定决心，通常会坚持到底，但不会为维护脸面而坚持错误，你具备成功者的良好素质。如果能在一些自己不在行的方面多请教别人，会使你减少失误造成的损失。

D 型（37 分以上）：极其果断。你不曾体验过犹豫的滋味。如果辅以开阔的眼界及合理的知识结构，你会是大集团强有力决策人的合适人选。

意志力指数测试

我们通过克服困难，努力达到预定目的的过程被称为意志过程，人的意志品质可分积极和消极两种，消极的意志品质有盲目性、冲动性、受暗示性、独断性、脆弱性和顽固性等。积极的意志品质包括自觉性、果断性、坚韧性和自制力。

测试说明：下列各题中，每题有 5 个备选答案，A. 很符合自己的情况；B. 比较符合自己的情况；C. 介于符合与不符合之间；D. 不大符合自己的情况；E. 很不符合自己的情况。

1. 我很喜爱长跑、远足、爬山等体育运动，但并不是因为我的身体条件适应这些项目，而是因为这些运动能够锻炼我的体质和毅力。（　　　）

2. 我给自己定的计划，常常因为主观原因不能如期完成。（　　　）

3. 一般来说，我每天都按时起床，不睡懒觉。（　　　）

4. 我的作息没有什么规律性，经常随自己的情绪和兴致而变化。（　　　）

5. 我信奉"凡事不干则已，干则必成"的信条，并身体力行。（　　　）

6. 我认为做事情不必太认真，做得成就做，做不成便罢。（　　　）

7. 我做一件事情的积极性，主要取决于这件事情的重要性，即该不该做；而不在于对这件事情的兴趣，即不在于想不想做。（　　　）

8. 有时躺在床上，下决心第二天要干一件重要事情，但第二天这种劲头又消失了。（　　　）

9. 在工作和娱乐冲突的时候，即使这种娱乐很有吸引力，我也会马上决定去工作。（　　　）

10. 我常因读一本引人入胜的小说或看一出精彩的电视节目而忘记时间。（　　　）

11. 我下决心办成的事情（如练长跑），不论遇到什么困难，都会坚持下去。（　　　）

12. 我在学习和工作中遇到了困难，首先想到的就是问问别人有什么办法。（　　　）

13. 我能长时间做一件事情，即使它枯燥无味。（　　　）

14. 我的兴趣多变,做事时常常是这山望见那山高。（　　　）

15. 我决定做一件事时,常常说干就干,决不拖延或让它落空。（　　　）

16. 我办事喜欢挑容易的先做,难做的能拖则拖,实在不能拖时,就赶时间做完算数,所以别人不大放心让我干难度大的工作。（　　　）

17. 对于别人的意见,我从不盲从,总喜欢分析、鉴别一下。（　　　）

18. 凡是比我能干的人,我不大怀疑他们的看法。（　　　）

19. 我喜欢遇事自己拿主意,当然也不排斥听取别人的建议。（　　　）

20. 生活中遇到复杂情况时,我常常举棋不定,拿不定主意。（　　　）

21. 我不怕做我从来没有做过的事情,也不怕一个人独立负责重要的工作,我认为这是对自己很好的锻炼。（　　　）

22. 我生来胆怯,没有十二分把握的事情,我从来不敢去做。（　　　）

23. 我和同事、朋友、家人相处时,很有克制能力,从不无缘无故发脾气。（　　　）

24. 在和别人争吵时,我有时虽明知自己不对,却忍不住要说一些过头话,甚至骂对方几句。（　　　）

25. 我希望做一个坚强的、有毅力的人,因为我深信"有志者事竟成"。（　　　）

26. 我相信机遇,很多事实证明,机遇的作用有时大大超过个人的努力。（　　　）

评分标准:

单数题号,A记5分,B记4分,C记3分,D记2分,E记1分;

双数题号,A记1分,B记2分,C记3分,D记4分,E记5分。

各题得分相加,统计总分。

意志力指数测试诊断结果:

111分以上:说明你意志很坚强;

91—110分:说明你意志力比较坚强;

71—90分:说明你意志力一般;

51—70分:说明你意志力比较薄弱;

50分以下:说明你意志力很薄弱。

人际沟通能力测试

善于交谈的人,能够左右逢源,不善于表达的人,总是很被动。如果你想知道自己与他人的交谈能力,就请进行以下测试。请将你选好的答案号填入小括号内。

1. 你是否时常避免表达自己的真实感受,因为你认为别人根本不会理解你?（　　　）

A. 肯定　　　　　　　　B. 有时　　　　　　　　C. 否定

2. 你是否觉得需要自己的时间、空间,一个人静静地独处才能保持头脑清醒?（　　　）

A. 肯定　　　　　　　　B. 有时　　　　　　　　C. 否定

3. 与一大群人或朋友在一起时,你是否时常感到孤寂或失落?（　　　）

A. 肯定　　　　　　　　B. 有时　　　　　　　　C. 否定

4. 当一些你与之交往不深的人对你倾诉他的生平遭遇以求同情时,你是否会觉得厌烦甚

至直接表现出这种情绪?(　　)

　　A. 肯定　　　　　　　　B. 有时　　　　　　　　C. 否定

　　5. 当有人与你交谈或对你讲解一些事情时,你是否时常觉得百无聊赖,很难聚精会神地听下去?(　　)

　　A. 肯定　　　　　　　　B. 有时　　　　　　　　C. 否定

　　6. 你是否只会对那些相处长久,认为绝对可靠的朋友才吐露自己的心事与秘密?(　　)

　　A. 肯定　　　　　　　　B. 有时　　　　　　　　C. 否定

　　7. 在与一群人交谈时,你是否经常发现自己驾驭不住自己的思路,常常表现得注意力涣散,不断走神?(　　)

　　A. 肯定　　　　　　　　B. 有时　　　　　　　　C. 否定

　　8. 别人问你一些复杂的事时,你是否时常觉得跟他多谈简直是对牛弹琴?(　　)

　　A. 肯定　　　　　　　　B. 有时　　　　　　　　C. 否定

　　9. 你是否觉得那些过于喜爱出风头的人是肤浅的和不诚恳的?(　　)

　　A. 肯定　　　　　　　　B. 有时　　　　　　　　C. 否定

评分标准:

选 A 记 3 分;选 B 记 2 分;选 C 记 1 分。

人际沟通能力测试诊断结果:

　　9—14 分:你很善于与人交谈,因为你是一个爱交际的人;

　　15—21 分:你比较喜欢与人交朋友。假如你与对方不太熟,刚开始可能比较少言寡语,可一旦你们熟起来,你的话匣子就再也关不上了;

　　22—27 分:你一般情况下不愿与人交谈,只有在非常必要的情况下,才会与人交谈。你较喜欢一个人的世界。

处理公务关系能力测试

　　请在 5 分钟内将选择的答案号填入每题之后的小括号中,答题时请不要乱猜乱填,也不要思前想后,尽量按自己真实的想法一次填完即可。

　　1. 办公空间有限,你不得不将一位精力充沛的供销专家安排在打字员办公桌旁。这位专家是公司元老,工作一向出色,年薪也相当高;但他常迟到,不到休息时间便去喝茶小憩,桌上总是乱糟糟的,而这会给那些优秀的打字员造成不良影响。至于那些刚从商业学校毕业、工资较低的打字员更容易受影响,你将怎么做?(　　)

　　A. 解雇专家　　　　　　B. 如果打字员不守规章,就解雇他们

　　C. 无选择(即不想选任何答案)

　　2. 你与一个下属离开一家餐馆,发现餐馆少找了你们三角钱。你收入颇丰,时间又宝贵,这时你怎么办?(　　)

　　A. 这不只是钱的问题,还关涉原则。应该回转去提意见,如可能,收回缺额

　　B. 忘掉这事　　　　　　C. 叫下属去提意见　　　　D. 无选择

　　3. 你是个从普通职员提升起来的经理,你的工作很繁忙。同时你的部门有一系列复杂的

日常事务,你知道自己比手下任何人都更胜任这些事务,那么,你选择下列哪种做法?(　　)

　　A. 对每件具体工作事必躬亲　　　B. 把这些事分别派给几个下属去干

　　C. 无选择

　　4. 你知道这位可能成为你客户的人是个蝴蝶标本收集者,你带着业务目的拜访他。你拿出一个标本说:"听说你是蝴蝶标本专家,这是我孩子捕到的一只蝴蝶,我把它带来是想请教你它是什么蝴蝶。"你预计可能发生哪种情形?(　　)

　　A. 他会觉得你有些冒昧、不合时宜　　　　　　B. 他会对你产生好感

　　C. 无选择

　　5. 你希望一位执拗的同事按给的建议去做,应怎么办?(　　)

　　A. 尽量使他相信这建议至少有一部分是出自他的头脑

　　B. 只考虑这建议会给你带来荣誉　　　　C. 无选择

　　6. 假设自己是一家商店的经理,一位顾客闯入你办公室怒气冲冲地发泄不满,你意识到完全是他的错,应如何走第一步棋?(　　)

　　A. 努力迁就他的错误看法,对他表示同情

　　B. 心平气和地向他指出其不满是误会造成的,不是商店的责任

　　C. 告诉他去找顾客意见簿或专司此职的管理人员,如果要求是正当的,问题会得到解决,而找你是没用的

　　D. 无选择

　　7. 有位女士来你店里买鞋,由于她右足略大于左足,总也找不到她能穿的鞋,你觉得应当解释一下,你将如何措辞?(　　)

　　A. 女士,你的右脚比左脚大

　　B. 女士,你的左脚比右脚小

　　C. 无选择

　　8. 你是老板,一名雇员向你献上有关提高效率的计策。他的建议是你过去已想过并打算实施的,那么,下面哪种处理方法较好?(　　)

　　A. 告诉他你真实的想法,但也对他给予充分的肯定

　　B. 闭口不提你以前的想法,只赞扬他的合作精神

　　C. 无选择

　　9. 下面哪种说法比较好?(　　)

　　A. 我恰巧到附近有事,因此顺便来和你谈点事儿　　B. 我专诚前来找你谈这件事

　　C. 无选择

　　10. 善于言辞是优秀业务人员的标志,假定你和一位才学高深、掌握数国语言的博士交谈,你会选择哪类风格的句子来表达?(　　)

　　A. 这是常见的事　　　　　　　　　　　B. 这属于每日必有之常事

　　C. 这种事发生得很频繁　　　　　　　　D. 无选择

评分标准:

　　1. B;2. B;3. B;4. B;5. A;6. C;7. B;8. A;9. A;10. A。对照答案,每答对一题记3分;漏答一题减3分;选了两个以上"无选择"者减5分;连一个"无选择"也未选的减5分(题6如答对,算你选了一个"无选择"),计算出你的总得分。

处理公务关系能力测试,诊断结果:

得分为 27—30 分,优秀的公务关系协调者。你不是靠盲目的鼓励首肯,或不容分说的高压手段来解决问题,而是长于以情动人、以理服人,用高超的技巧来使目的得以实现。你有资格成为一个大团体的领导者、管理者。

得分是 17—24 分,属于一般的公务关系协调者。平常情形下,你能够以合理适度的方式使他人接受你的意见,按你的意图去干。但如若时间紧迫或情况特殊,你往往会作出一些不当的决定。这说明你可能不能胜任大范围内公务关系的管理与协调。

得分为 0—15 分,"拙劣"的公务关系协调者。你不了解在处理工作关系时"因势利导"的原则,对人的观察研究也不够,尤其忘记了自己的工作不是处理这些关系的,而把自己过分地"投入"进去,这就很难得心应手地运用技巧来协调好各方面的关系。你与管理者无缘,只适于从事具体的专项工作。

测试后的自我反思

1. 创业者应具备的素质有哪些?
2. 假如你要创业,你觉得自己在心理素养上还有哪些差距,如何培养?
3. 对照创业者必备的能力,你在学习期间需要如何锻炼,尽早为你创业打好基础?
4. 你自己适合创业吗?
5. 你认为创业前,应在思想和心理方面做好哪些准备? 其中最重要的是哪些?

思考题参考分析答案

项目一 思考题参考分析

思考题1-1：请列举以上四类出售实物商品模式所代表的具体公司或品牌。

分析：

（1）自产自销：21cake、mcake 的官网、淘宝上"联合利华官方旗舰店"等。

（2）外包生产、自己销售：Iphone 是苹果公司自行设计，由富士康代加工完再交给苹果公司进行销售。部分国际知名运动品牌也是如此。

（3）只生产不销售：五粮液、泸州老酒等白酒类企业负责生产，销售则绝大部分交给渠道商。

（4）只销售不生产：各大超市、京东、淘宝、一号店、唯品会等网络零售平台。

思考题1-2：请列举出曾经吸引到你"眼球"的软文广告。

分析：以标题取胜的新闻类软文，如"商人在机场弄丢 68 万元天价手机"，从软文的标题中我们就可以看出这是一篇很有新闻性的软文，"68 万元天价手机"，充满了新闻点，诱导着人们想去了解什么手机要 68 万元，怎么弄丢的，是否找回等等，引发受众对 VERTU 的关注与讨论。

思考题1-3：请分析一下微信是如何获得沉淀资金的，获得这些资金后可以用来做什么呢？除此之外还有哪些沉淀资金？

分析：逢年过节大家都会在微信上发红包，收了红包之后不提现（不转到自己银行卡）存在"零钱"里，那这笔钱就存在了微信的支付平台里，一个人的零钱可能是 10 块、50 块、200 块，全国加起来的总额就是十几个亿了。而且微信支付目前也是非常热的，微信支付与支付宝的第三方平台一样，同样有个周转时间。

这些资金在公司账上就像"沉淀"了一般，公司可以在国家规定范围内将这部分资金做风险性较小的"再"投资。除了支付宝、微信支付等第三方支付平台外还有，银行、住房公积金、养老金、公交卡押金、美容美发店的充值卡等。

思考题1-4：请列举出你所知道的在网络上直接向用户收费提供服务的产品。

分析：优秀 PPT 模版下载、网络学堂、一些专业的需要经过分析的数据平台等。

思考题1-5：你在网络上支付过哪些费用或购买过哪些服务吗？是什么促使了你付费的呢？

分析：QQ 会员、游戏充点卡、爱奇艺视频会员、主播打赏等等。

项目二　思考题参考分析

思考题 2-1： 传统金融机构的互联网形态与非互联网形态相比有哪些优势？你用过哪些金融机构的互联网形态呢？

分析：（1）客户只要能上网即可实现操作，不需要自己跑到银行或交易所现场交易，这样的交易既节约时间又节约成本。（2）微信转账、支付宝转账，这些转账以前都是必须要到银行现场操作的，现在用互联网形态即可完成。

思考题 2-2： 结合上文中的第三方支付与移动支付的概念，请你讲讲这两者之间的区别有哪些？

分析： 简单来说，第三方支付是公司的运营机制，是一个业务一个资质，第三方支付是与银行达成协议的支付平台；移动支付，是用户使用手机、PAD等移动设备安装支付软件后，进行的支付手段。

思考题 2-3： 你用过哪些互联网货币？如果互联网货币能转换成真实的人民币（通过正式官方渠道），你觉得会有哪些后果？

分析：（1）Q币、游戏中的货币和装备、银行卡的积分（积分可以用来兑换某些物品）、淘宝平台里的"淘金币"（淘金币可以用来抵扣一些购物费用）。（2）互联网货币转换为真实人民币的话会造成货币的动荡、社会的不稳定。国家发行货币这是有国家这个组织作为信用背书的，国家会对此负责，某公司发行互联网货币用于购物的话，谁对此负责呢？如果某些公司发行的互联网货币可以用来大范围购买市场上的商品，那无数公司都会想办法来发行，然后每个人都想办法来印，钱越来越多，货物的总数没变，那货物的价格就会越来越贵。这时候持有货物的人还会不会要这些没有价值的网络货币呢？

思考题 2-4： 请讲讲你所理解的"基于大数据的征信"是什么意思？有哪些用处？

分析： "基于大数据的征信"是利用网络上个人的数据（网络消费、网络言论、网络搜索等信息）进行分析和对模型进行风险评估，依据评估分数，预测还款人的还款能力、还款意愿以及欺诈风险。将来要办理个人贷款、有需要了解个人信用的时候，无需提供抵押或消费能力证明什么的，一切数据都已经被记录了。

思考题 2-5： 想想你的家人或朋友是否购买过 P2P 产品？对于今后购买网络金融产品我们要注意哪些地方呢？

分析：（1）出售金融产品的公司实力、背景；（2）该金融产品吸纳消费者资金后拿去投资的项目盈利能力；（3）注意购买金融产品的性质，有保本保利、保本不保利、浮动利率、不保本不保利等多种方式；（4）不能被超高年化利率冲昏头脑，当你看中别人利率时，别人看中的是你的本金。

思考题 2-6： 你有购买过"众筹"的产品吗？请讲述一下"卖家"进行众筹的过程。

分析：（1）目前市场上众筹的实物产品质量良莠不齐，被网友吐槽的产品不胜枚举。

（2）众筹是要先付费,并且等上一段时间才能拿到物品,并且大部分产品不具备"7天无理由退款"功能。所以购买时一定要仔细看清。（3）以淘宝众筹为例,首先要在淘宝上具有一家自己的店铺,找到页面中"网站导航",点击其中的"淘宝众筹"按钮,进入相应的窗口中。在众筹首页顶部找到并点击"项目"选项卡,直接进入下一步的窗口中填写明细资料。最后等待审核通过即可。

思考题2-7:金融产品的网络销售与哪些领域有关? 同样一款A公司发售的理财产品去银行购买和在网络上买有什么区别吗?

分析:（1）金融产品的网络销售涉及银行、基金、证券、保险、互联网公司、第三方平台等各个领域。（2）对客户来说购买的产品是没有区别的。银行的理财经理会有"业绩需求",网络平台没有。

项目三 案例讨论参考分析

案例一 讨论参考分析

1. 王程飞从哪几个方面确定将街舞推广作为自己的创业方向?

（1）最初全凭一腔对街舞的热情。（2）后来经过长期在街舞赛场接触不同舞者,掌握了一线舞者有对音乐、舞蹈视频、舞者间交流的市场需求。（3）同时考量了自身的技术能力,会摄影、懂设计、了解舞者需求。（4）并且当时市场上没有那么多竞争对手。

2. 你认为王程飞第一次与A先生合伙创业存在哪些问题? 如果是你如何处理?

与A先生的合作问题在于没有明确无形资产（网站所属权、56视频账号所属权）的分配方式,所谓亲兄弟明算账,或许在合作之前就谈妥可能产生利润的分配方式,以及运作平台的归属权会更适合。（注意:无形资产在实际创业过程中非常容易被忽略）

3. 请讲述公司为何可以由赛事拍摄转向赛事运营的原因,请讲讲你对这次转型的看法?

（1）他们积累了较多国内顶级赛事拍摄的经验,现场拍摄对于他们而言已经驾轻就熟。（2）积累了不少舞者、广告商、赛事主办方的资源。（3）对不同比赛的运作有自己独到的见解。如拍摄过程中他们的舞台搭建、比赛的视觉呈现方式、观众站位、如何让观众获得更佳的观赛体验。

4. 请讲述公司在赛事运营方面与广告商、赛事主办方二者之间的关系。

他们成了广告商与赛事主办方联系的纽带,同时他们承担了资源分配的角色,什么广告更适合怎样的比赛,赛事主办方能够给予广告商的场地、时间、形式等,这些都需要一个中间协调者。

5. 请说说王程飞是何时,通过哪些因素来确定要注册成立公司的?

2013年注册成立的公司。（1）赛事拍摄得到了全国各级赛事的认可,并授予了版权。（2）有稳定的赛事拍摄客户源,收入得到了提升并稳定。（3）在观众、广告商、主办方、舞者心目中有着良好的形象。

6. 请你分析王程飞公司发生财务危机的原因? 财务危机带来了哪些负面影响? 如果你是他该如何避免呢?

财务危机爆发的根源是一下子购买了太多设备,但不购买这些设备公司会错过许多发展的好机会,在这种两难的情况下,或许可以考虑与供货商商量进行分期付款,这样虽然会产生一些延期付款的利息,但不至于出现发不出工资的情况。亦或者向银行申请个人短期贷款(注意是银行而不是高利贷)。负面影响就是导致已经熟悉公司运作、赛事拍摄的员工离职,招新员工需要重新培训,重新学习,重新建立与单位的联系,也会造成公司发展的缓滞。

7. 在2015年公司接到了"红牛"的项目,他们斥资邀请了电视制作团队进行效果制作,对他们这个行为你怎么评价呢?原因是什么?

"红牛"作为一项国际知名的赛事,对于赛事呈现效果的要求自然比国内赛事的要求更高,当他们自身无法达到红牛的要求时,及时寻找适合的团队来匹配"红牛"的身份是适合的。因为他们是赛事推广方,"红牛"并不会关心这个效果是谁做出来的,而是关心做出的效果好不好。同时如果自己硬着头皮做出的效果并不令人满意的话可能就会失去这一大客户。

8. 结合本案例最后一节"将竞争对手变成合作伙伴"中,讲讲什么是"三赢"的局面?

审视了自己公司与其他街舞媒体的优劣势,发挥自己公司在赛场内拍摄经验和转播的优势,数据量更统一,不会造成点击量的分流,以便来年能和KOD主办方谈到更好的价格。邀请其他街舞媒体主攻周边花絮报道,并允许这些媒体无偿使用场内比赛视频,这样既保证了赛事转播的质量,又能让其他街舞媒体有较多的报道资源,同时周边花絮的报道丰富了该项赛事的内容,更好地推广了KOD。所以说是KOD主办方、公司、其他街舞媒体都获利了。

9. 结合本案例最后一节"将竞争对手变成合作伙伴"中,尝试分析一下该小节中将"新兴公司"作为自己视频拍摄的外包公司存在哪些好处与风险?

将新兴公司转化为自己拍摄项目的外包公司同时存在着利弊两个方面,有利点在于降低了自身公司拍摄成本,不会有明面上的竞争,可以更专注于做资源整合。弊端在于该公司学会了所有的拍摄技巧,并且和赛事主办方也达成了良好的合作关系,这时很容易造成"养虎成患"遭到反扑的局面,所以如何更好地控制这家外包公司是重点。

10. 结合案例想想,自己的兴趣爱好是否有能发展成事业的可能性?如果有,你打算如何去做呢?

略

案例二　讨论参考分析

1. 为什么A同学组织的"外卖"在学校里的生意可以一下子极速扩展?

(1)学校的饭菜不好吃,周边又没有餐饮店。(2)学校是个容易产生群体性消费的地方,一旦寝室的一个同学订了外卖其他同学也很快就会效仿,然后再由一个寝室蔓延到其他寝室,再逐渐蔓延到其他专业。

2. 结合案例谈谈你对"外卖"这个项目最终初创成员"分道扬镳"的看法,这里面你更支持谁的说法?

(1)最初没有讲清楚相互的合作模式,都抱着不问得失兄弟们一起打拼的精神开始,当有了一定收益后发现自己所得与想象有较大差别,分歧就产生了。(2)对于产生的纠纷,项目中的每个初创成员都有着自己的看法,这些成员可以说各有各的理由,很难一刀两断判定谁对谁错。

3. 陈少平从哪几个方面确定要从事汽车轮胎更换、保养行业的?

(1)2013年他看到了一份上虞地区的汽车相关报道,称当时上虞地区约有20万辆私家车保养的需求缺口。(2)结合在上海观察到的私家车发展趋势,陈少平考虑到上虞地处浙江省绍兴市东部地区,是省级区域交通枢纽中心、绍兴商贸中心,发展规模虽不及上海这个超大型城市但也是浙江发展重地,所以他考虑上虞地区私家车保养的缺口还将增长,是朝阳行业。(3)在米其林签约店当学徒的时候确认了这个行业的发展前景。

4. 在与发小合作的轮胎店最开始经营时,陈少平犯了哪些错误?

(1)刚开店的时候正处于轮胎价格顶峰期,当时不太有经验的陈少平在这个价格高点囤了不少的轮胎,当时进价是一千元/条。(2)随着美国反倾销事件的影响,轮胎市场大幅降价,只能卖到六百元/条。(3)陈少平没有对这个轮胎的历史价格走势以及有可能产生的突发事件做好准备。

5. 请结合案例说说陈少平最早是如何在网络上推广店铺的。

(1)当他感觉到在网络上购买轮胎到线下实体店安装的人数有上升的趋势后,他开始与诸多网络零售平台合作,成为他们的签约店。其中包括途虎、京东、路华救援、苏宁易购、淘宝上的商家联盟。(2)线上推广主要就是上虞在线、上虞论坛这些比较知名的本地网络论坛和微信公众号。在推广的文案上陈少平首先会从客观和专业的角度介绍轮胎用到何时需要换、如何鉴别轮胎、做四轮定位的关键点,如何区分正品和仿品,最后再在下面写"换轮胎找上虞轮胎超市"、"活动价格"等词条,这样客户接受度就比较大,会感觉这家轮胎店是货真价实的。(3)线上营销还借助了百度地图。(4)大众点评,很多来自于上海的客户都是通过大众点评找到他的。

6. 请结合案例说说与发小合作的第一家店两人是如何分工的?又为什么闹翻,主要是什么原因造成的?你是如何看待这件事的?

(1)第一家店陈少平投入 15 万元,发小出资 25 万元。(2)陈少平负责所有日常事务,发小仅负责出资并不参与日常管理。(3)利润两人平分。(4)发小在运营了一年后,盘库的时候发现账和实际支出对不齐,少了三万,于是纠纷产生了。(5)发小觉得,他那么信任陈少平,还没参与店铺管理,店里全凭陈少平了算,但他居然账都做不齐,少掉的钱也说不出用在了哪里,辜负了发小对他的信任。(6)陈少平觉得他主要将精力花在了市场开拓、店铺技术提升上,对店里的日常记账是随便了些,但所有的都是店里的开销,一些为店铺买空调、电视机、买菜、请学徒和师傅吃饭的钱没及时记账,过后就有些金额记得有出入了。(7)陈少平和发小两人都没给自己开工资,只说了利润对半分。但陈少平在店里也需要生活吃饭开销,没有工资收入就只能从店里日常支出,而且都是跟店里师傅一起开伙吃饭的钱。(8)两个人有各自的委屈,主要问题出在两人的分工上,发小什么都不管,陈少平又负责得太多,在没有开工资的前提下,就导致了陈少平把自己和师傅们的日常开销作为了店铺日常开销。一般来说最好是管事的人和记账的人分开。

7. 在经历了两次合作失败后为什么陈少平愿意接受第三次与"IBM"的合作,有哪几方面原因?两人的合作模式是怎样的?

(1)当时陈少平一方面有着经济的压力,支付了发小连本带利的撤资费用,同时还要支付新店的费用,资金就显得有些捉襟见肘。(2)"IBM"之前是绍兴地区服务器这块的负责人,有着一定的管理经验。(3)店铺精细化的管理并非陈少平强项,一个人管理一家老店再加上筹备新店确实有些力不从心。(4)经过协商,"IBM"出资新店全部所需的资金二十二万,占两家店总共 40% 的股份。在店里负责记账、日常员工管理等。(5)陈少平凭借第一家店及技术优势占 60% 的股份,他负责第二家店的员工招聘及技术培训、进货、日常技术方面的管理、公司推广、渠道等方面。(6)陈少平每月领取六千元,"IBM"每月领取四千元的工资,年底店铺内视具体情况再分红。

8. 请讲讲为什么2016—2017年陈少平能如此快地开出了第3、4、5家店？对于如此极速的发展你是如何看的？

（1）店铺基本都是一个多月达到收支平衡，速度很快，这就说明市场需求较大。（2）这些店的先期投资是与不同伙伴合作的，陈少平本人出资比较少，手上的钱就够他分散投资几家店铺。（3）第三家店运作成功后，按照这个模式复制第四、第五家就比较简单。（4）陈少平有了之前三家店的经验，管理和技术能力都得到了大幅提升。（5）如果你觉得他扩张速度过快，可以从风险控制的角度讲，一下子极速扩张会导致陈少平的精力分散，店铺运营管理会没有以前好，而且第3,4,5家店都是基于途虎的工厂店，都是基于途虎这个平台的，如果这个平台发生什么事情，就具有一定的风险。而且现在生意好不代表将来生意也好，市场具有不稳定性。（6）如果你赞同他快速扩张的做法，可以说他看到了市场趋势，通过开店先抢占市场、拉拢固定客户。而且这些店铺内他投入的资金并不多，更多的是技术和精力的投入。他之前运营过多家店铺已经积累了一定的经验和靠得住的师傅。

案例三 讨论参考分析

1. 周曜和同学租下学校店铺后为何要改造成格子铺？如果是你承租下学校的店铺，你打算卖点什么呢？

（1）他们没有太多资金，不愿意额外增加家里的负担。（2）进满各种类的货品成本太高，得压好大一笔钱在里面，资金周转的速度就慢。（3）节约了进货成本。（4）丰富了店铺内货物的种类。（5）格子主会主动宣传店铺，是店铺的免费宣传员。（6）格子拆分出租的租金也能成为店铺的一个较大且稳定的收入。

2. 为什么热热闹闹的学生电影票项目没有赚到钱呢？

（1）成本18，卖21元，1.5元给书报亭，自己赚1.5元一张票，利润较低。（2）相比去影院还是有不少同学直接在网上下载了看，总量就有限。（3）书报亭代理分成较高，但又没起到较好的推广作用。

3. 结合案例讲讲周曜和他同学如何通过"搞笑证书"赚到第一份钱的？如果当时他们碰到的第一个中国的传统节日是端午节、元宵节，那"搞笑证书"适合在这个节日推吗？

（1）他们遇到的第一个节日是圣诞节，圣诞节作为一个外来节日在国内它的宗教意义几乎为零，主要就是以娱乐为主题的节日。（2）年轻人喜欢搞笑、新鲜的事物。（3）二十元左右的消费是年轻人或者说在校生所能消费得起的。（4）证书内有之前只能在电视里看到的火烤验证、水泥验证等，大大激发了年轻人的兴趣。（5）后期跳过批发商，自己找到厂家制作证书大大降低了进货成本。（6）既当批发商又当零售商。（7）端午节、元宵节是中国味浓重的节日，而且本身就有明显的节日象征，如粽子、元宵（汤圆），这种节日不太适合搞笑类的产品，简而言之就是不应景。

4. 为什么说周曜毕业时面临两难选择？你对他的做法是如何评价的，并说出理由？如果是你，你会如何选择呢？

（1）毕业时他对于选择自己专业对口的金融工作还是继续做已经小有成效的淘宝店感到困惑。（2）他的专业是金融工程，又是上海财大，一般来说普遍选择是进金融公司做自己专业对口的事情，这样就会有份稳定的工作，公司会给员工交四金，老了之后会有退休工资。（3）当淘宝店家就是自己做老板，会有一定的风险，可能会承受一定的家庭压力，被家人说不务正业、大学白读了。（4）所以最后周曜选择了去金融公司一年，看看社会了解这个行业之后再返回去做淘宝店。(5)分析的时候结合自身的能力、兴趣爱好、家庭情况来分析。

5. 请尝试分析周曜辞职全职做淘宝店家后遇到的第一个节日——母亲节,为什么他选择了毛巾作为主打产品?

(1)毛巾便宜,不会被妈妈说乱花钱。(2)毛巾很实用,天天能用到。(3)毛巾不像衣服、饰品类的有各种款式,每个人喜欢的都不一样。而毛巾不是方的就是长方形的,个人喜好因素较少。(4)毛巾这个产品符合母亲的形象。就像教师节给老师送康乃馨、护手霜。

6. 请结合案例分析,为何周曜店铺越做越大,房子越搬越大,但还是在居民区,而不把办公地点搬到商务楼,将货物放到仓库呢?

(1)商务办公楼租金贵、水电煤气费包括网费都比居民家用的贵。(2)仓库是普遍存在的电商小商家的问题和发展瓶颈,仓库的费用特别贵又不能住人。

7. 以礼品店为例,天猫店每年的缴费要比淘宝 C 店贵多少?在这种情况下周曜为何要加大对天猫店的投入?

(1)在天猫商城卖 100 元的礼品类商品,天猫会抽 5% 佣金,此外还有返回消费者 0.5% 的一个积分,就相当于他们卖 100 元的东西要付 5.5 元的平台费。天猫还有一部分成本是技术服务费,其中包括十万的消费者保障的保证金,一年六万块钱的技术服务年费,如果年销售额做满十八万,平台会退还三万,如果年销售额做满三十六万则全部返还。淘宝 C 店没有这些费用。(2)2009 年到 2013 年淘宝 C 店的势头很猛,从 2013 年起淘宝 C 店就没有以前好做了,很多店家纷纷涌入天猫商城。(3)天猫平台既然要收费,就会有流量扶持,在用户搜索相关产品时,天猫店的排序都在前面,一旦在前面可能就会导致淘宝 C 店的流量下降。

8. 什么是"引流款"?

引流款就是把客户吸引到店里来购物的商品。将店里有些卖得好的产品设置成相对较低的价格,九块九包邮可能不赚钱,但客户经过对比会发现这是一个非常合算的产品,于是它的销量就会特别高,搜索排序就会特别靠前,客户就会通过点击这些产品进入到店铺,看看顺带着再买点店铺内其他一些产品,他这个"引流款"产品不赚钱,但其他产品赚钱。所以它就成了一个引导客流的作用。

9. 面对白热化竞争的淘宝,周曜给出了哪些意见?

一共给出了七点,无需总结已经归纳好了,在案例中非常明显的位置。

10. 周曜给了在校生哪些意见?

(1)在淘宝平台上初创业的学生们做淘宝店最好具有一定的特色。(2)要了解基本的运营策略,不能一上来就急着投钱急着进货。(3)要考虑清楚一家店铺里有多少是要去做市场主流的,又有多少是要去做自己有产品特色的东西。(4)对于大部分情况,天猫店更容易起来,因为基于消费者对这个平台的信任,而淘宝这个平台更适合开一些小店。(4)要多学习,通过一些课程就会知道淘宝、天猫平台的运营规则。如果这些都不了解,那么店铺根本没法正常运营,而且淘宝以及天猫的规则会经常更新,就更有必要去学习了。

案例四　讨论参考分析

1. 你觉得陶醉为什么敢在大一时就花一千两百多元的学费去学习一个 YY 语音上的课呢?

(1)他上一个月刚挣了 1 200 元,正好有点钱。(2)这个课程正是他在实习所在部门的名称,他对此有着强大的好奇心。(3)在百度搜索里,这个班的排名一直很靠前,陶醉觉得既然能把自己的关键字做到网络排名靠前,这个培训班应该是有技术含量的。(4)这个课的网络用户口碑很好,大家反映这个课有实际的作用。并且这些学生学完都能自己制作网站,且访问量都不低。

2. 请结合案例,阐述"红牛导购网"的运作机制与盈利模式。

(1)"红牛导购网"是一个导购型网站,网站上的产品都是淘宝广告联盟中返点最高的几种商品类目,如化妆品、减肥药以及女装,返点基本都在 20%—30% 左右。(2)用户通过搜索关键字,如减肥药,"红牛导购网"就会推荐搜索结果的前几名,客户点入后可以进行购买,由于最终还是在淘宝进行支付,所以用户并不会感觉是在假网站购买。用户购买后陶醉就可以获得相应的返点。(3)用专业的话来解释,"红牛导购网"相当于是一个流量中转站,他通过 SEO 获得流量然后再把这个流量转给相应的淘宝店铺,那么这些淘宝店铺就会给他提成,因为是他给这些店铺带去了用户和销量。

3. 请结合案例讲讲,为什么陶醉在 2011 年大二的暑假开始做的"跨境电商"会亏损严重呢?

(1)"跨境电商"的工作时间和我们中国的时间是有时差的,回到学校以后,因为学校晚上固定 10:30 断电、断网,于是陶醉就在学校对面租了房子。房租是付三押一的,所以房租也是较大的一笔损失。(2)刚开始陶醉认为做外贸就是个语言的问题,可以用谷歌翻译或其他翻译软件搞定,但后来慢慢发现,外贸它用的并不是纯英文,中间还带有德文、法文等其他语言,而且很多交流是即时在线或电话交流的,所以语言还是最大的交流障碍。(3)因为网站访问的用户都是国外的,所以陶醉的服务器就得通过代理放在美国、香港这些地方,而我国要访问外国网站需要"翻墙",但是"翻墙"经常不稳定,网站维护和管理起来也就存在着很多的困难。(4)后来因为技术提升,网站做的系统越来越复杂,一个人支撑不了整个网站的维护。

4. 能否试着分析一下,为何陶醉会在 2013 年公司刚获得融资后既没有继续留在公司也没有跳槽到同类公司(如果他跳槽到同类公司的话待遇会翻倍),而是选择离开自主创业?如果是你,你会如何做选择呢?

(1)本来他可以天天与老板一同讨论问题,但后来员工扩大了有一百多人,见到老板的机会越来越少。(2)公司业务越来越多,而他负责的这块业务却越来越渺小。(3)原来陶醉在公司内薪资一个月会调整一次,但后来半年都不调一次,他负责的这个业务在公司战略层来说重要性越来越低。(4)陶醉考虑到如果跳槽去了一个新的环境,又要和新同事新部门磨合,而他本人比较内向,是一名技术宅,不太喜欢处理人际关系,可在公司里这又是避免不了的。(5)当时他已经完成了一些优化工具的制作,有了一些创业的技术资本。(6)技术型创业的先期资金投入并不大。(7)分析自身是更喜欢在公司这个框架内有稳定的工作,还是喜欢去新环境去工资更高的新公司,想想创业需要的个人能力具备了吗? 家庭是否有负担?

5. 陶醉是如何找到这位合作伙伴的,两人合作方式是怎样的呢?

(1)两人是在技术论坛上认识的,聊了很多年,合作伙伴是上海大学的研究生,技术上较强,但他是比陶醉更"宅"的技术男。(2)虽然合作伙伴技术很强,但还在读书没有进入社会,对整个市场需求无法把握,所以他就负责技术。陶醉主要负责市场需求和商业模式分析,或是找客户谈客户、定价等。(3)刚开始他们考虑到自己的业务形式没有注册公司的必要性,所以就先开了个淘宝店,对于他们来说自己本身都有笔记本电脑,唯一的成本就是服务器的成本,剩余都是赚的。所以当时他们俩没有给自己开工资,有利润的情况下就对半分掉。

6. 为什么陶醉淘宝店铺生意会比同类店铺好很多呢? 当淘宝上的生意越来越好,但合作伙伴却要完成硕士毕业论文没有时间来做店里的事了,陶醉又是如何解决的呢?

(1) 选择陶醉店铺做优化的客户会比较多是因为以下三点:第一,他的淘宝店的排名一直处于前三名。第二,价格的原因,淘宝上有些竞争对手是公司,公司要招员工、租房子,成本比较高,定价就高。第三,就是其他店铺客服做得不好,而陶醉会通过电话跟客户聊,要如何提升排名、各种提升方式的优缺点、需要多久、会通过那些方式来做等等,这样比在旺旺上给别人讲解会清楚很多。当然这也归功于他之前在公司上班的时候跟各个部门打交道的经历,历练过自然就会比较有优势一点。(2)陶醉选择的是做竞争对手的代理商,他跟竞争对手商量,一个月给他带来 10—20 个客户,能给出什么价格,你要给出的价格不合适的话我就跟别人合作,为了 20 个客户店主一般会给陶醉市场价一半的价格。这样一来陶醉就相当于变成了一个代理,一旦有人找他合作他就统统接下来,再拿去给淘宝上的竞争对手做,这样一般可以赚到这单 50% 左右。(3)这段做代理的时间,除了和客户交流接单外他还攻克了一些技术难关,为下一步转战 APP 应用市场做好准备。

7. 面对应用市场,为何陶醉选择开发了 20 多个小市场而不是多开发几个大市场呢?

(1) 当时比重较大的一些应用市场都已经被其他专业公司开发掉了,还有一些小渠道没有人去做,于是陶醉用掌握的这些技术把这些冷门渠道做了出来,并且对这些小渠道进行了推广,算是一个全新的业务。(2)大渠道他没有去研究,因为那些平台别人已经研究出来了,再研究也不一定比别人做得好,还费时间。如果有客户需要在大渠道优化,陶醉就选择与那些大渠道的技术合作,他拿到的还是市场价的一半,仍然使用代理的形式。

8. 如果你是陶醉,公司的下一步该如何发展呢?

略

案例五　讨论参考分析

1. 请简述李宜蓓是如何从日料店兼职网络推广做到一家十几人公司的老板的?

(1) 李宜蓓大一在日料店做网络推广,随着这家日料店知名度越来越高,与日料店老板相熟的其他餐饮店老板也找到李宜蓓,希望她能帮助他们在网上推广自己的餐厅。(2)她在大二的下半学期同时接到了六七个店铺推广的生意,忙不过来的她从朋友中招募了写手,她负责制定整个推广文案的结构,再由写手具体成文,最后她再来整体统稿。(3)大三下,随着业务量的稳定,李宜蓓开了自己第一个实体工作室,招聘了自己第一个员工。当时她与第一个正式员工一个月能没日没夜地完成十几家餐饮公司的网络宣传。当时市场行情价是五千元一家,一个月除去杂七杂八的开销每月的净利润是五万多。(4)随着公司的发展,目前到 2016 年底公司一共有 12 名员工,年净利润一百多万。

2. 结合案例简述李宜蓓公司是如何帮助餐厅进行网络推广的。

(1) 帮助餐厅运营餐厅的公众号。(2)通过撰写软文,并找网络大号发送来推广餐厅人气。例如,她们通过撰写《上海最小资下午茶排行》、《性价比最高的自助餐》、《来自一百零八个粽子的对比》等来推出相应的餐厅,通过"网络大号"将自己的文章发布出去,来吸引消费者提高自己代理餐饮店的人气。这些"网络大号"则收取相应的费用作为"转发"的广告费。(3)对于餐厅的推广还涉及传统媒体,例如电视媒体、电台媒体、平面媒体,比如 TimeOut、That's Shanghai、橄榄餐厅杂志等等。这些稿件都由推广公司统一撰写发稿,媒体负责的是"发布"功能。(4)有时帮助"淘最上海"、"人气美食"两档电视节目介绍新餐厅和特色餐厅。(5)在帮助电视媒体推荐的同时也帮助受采访的商家做详细的策划。例如,帮餐厅准备好这期采访中需要介绍到的菜品,菜品以何种方式出,如何摆盘,这道菜或者这个餐厅有怎样的故事,挑选怎样的顾客发表怎样的用餐后评论会更吸引到电视机前的观众。

3. 请仔细阅读案例后分析为何与西贝莜面村的合作不怎么赚钱李宜蓓还坚持要做呢?她是如何与西贝合作的?

(1)李宜蓓觉得这种优质的客户可以提升自己公司的高度,与这些大品牌的合作都将是她公司将来的活广告。通过与一个大公司的合作创造了与更多大公司合作的可能。(2)她清醒地认识到自己的出现对于"西贝"的市场部而言是个"外来者"甚至是"侵略者",较为恰当的做法是配合好公司现有的活动去做网络推广,这样既不得罪"西贝"的市场部又可以借助市场部的力量完成此次网络推广,而且效果会比自己另辟蹊径来得好。(3)得知"西贝"赞助了北京马拉松赛事后,便考虑借助此次马拉松推送相关知识从而带出"西贝"的"软广告"。(4)三天通宵达旦地做出了六七十个关于北京马拉松赛前训练、饮食、赛后的拉伸以及如何表达出西贝"软广告"的项目框架。(5)配合"西贝"的超高工作效率,自己也不断加班更改方案。(6)奔赴北京拍摄、撰写不同平台不同版本的"西贝"和马拉松之间所有的故事,发布在全国北、上、广、深等地所有微信大号。

4. 李宜蓓为何要打造学习型公司?为此她做了哪些?

(1)员工大都是时尚嗅觉敏锐的刚毕业的大学生,年轻的他们在与客户交流时沟通能力不强,经常无法精确领会客户意图,需要将推广方案解释给客户听时又经常词不达意。(2)做的餐厅多了,随着原先新鲜感的退却,文案的创意性也逐渐减弱。(3)李宜蓓自己微信关注了两百多个自媒体,基本每天都要看六七百篇文章。两千多人的餐饮业朋友圈内相关文章她都会学习,还不定期地购买港澳台地区餐饮类杂志来开拓自己的视野。(4)公司经常请各方面的老师来给员工培训,有用餐礼仪、餐具知识、创意文案、消费者心理和文案分享会等。

5. 请分析,当一些餐饮公司想要做一个新的品牌时,为什么可以让负责营销方面的合作者购买股份?

因为餐饮公司觉得让营销方面的公司入股能将公司的营销做得更好。

6. 请结合案例考虑,李宜蓓公司的市场空间是什么?

(1)广告公司收费太贵。(2)各大新媒体平台、微信大号等自身是不会对某一个餐厅进行重点推荐的。(3)餐厅自身在推广上、在对年轻一代所能接受的"软文"广告上并不在行。(4)这三者之间的缝隙就是该公司的市场空间。

案例六　讨论参考分析

1. 徐广源最初的淘宝店铺代运营做得好好的,是什么促使他转行做游戏发行商呢?

(1)2013年他发现淘宝平台的竞争已经超出了"理性"的范畴,大都靠砸钱、人脉、流量来推广,已经失去最初竞争的意义了。(2)做了七八年的店铺代运营已经有些疲惫了。(3)电商经过多年发展,人才也随之多了起来,品牌方经过多年发展更愿意将运作掌握在自己手里,店铺代运营的市场开始逐步下滑。所以他在2014年不再继续做淘宝运营。

2. 请问,案例中多次出现的渠道指的是什么?

是各类手机中的应用市场,因为这些应用市场直接面对消费者,游戏想要被下载只能通过各类应用市场,应用市场这一必不可缺的环节一般俗称为渠道。

3. 请讲出徐广源游戏发行公司招聘员工和寻找客户的工具是什么,讲讲他的理由并说说你自己的看法。

(1) 徐广源是在一些游戏开发论坛、游戏开发 QQ 群里寻找自己的客户源和员工的。因为在他看来,只有喜欢游戏、会钻研游戏才会加入这些群去深入了解,而他要招的正是这些愿意去深入了解游戏、愿意去钻研的员工。(2)在互联网行业里,一直有一些学习交流群、游戏行业内部交流群等,而这些群体在 QQ 群里比较集中,QQ 群里面不仅有游戏开发技术大牛、资深游戏爱好者,还有着许多迷茫的开发者。

4. 请简述该公司的主要客户及经营内容。

(1) 主要客户是个体游戏开发者。(2)经调查,徐广源发现国内手游界存在着渠道、支付、宣传三方面的问题,而这三点通常是个体游戏开发者无法独自完成的,他公司提供游戏发布中各个渠道的审核、支付资质、游戏推广等服务。这样就能缩短开发者从发布作品到上线的时间,从而大大节省了开发者申请各种资质的时间,开发者也可以更好地全身心地投入到游戏开发中去。

5. 请对比徐广源公司与其市场主要竞争对手间的区别。

与市场其他网游发行商不同的是,(1)徐广源主要是做单机手游和弱联网手游的,而现在国内的发行商都主要在做强联网游戏,他们的切入点不一样。(2)目前国内和他公司模式完全一样的有两三家,但这几家都在北京(徐广源在上海),这些北京公司的资金雄厚,团队的人数也多。这些资金雄厚的公司通常会找一些精品游戏,前期付给开发者一笔费用,然后签订独家代理合同,两者之间的分配模式也变成了发行商比开发者高一级,当然在游戏盈利后发行商拿得也更多一些,开发者拿得少一些。(3)徐广源公司采取的则是和开发者联合运营的模式。前期各自负责自己的成本,收益以后才会有分配。这样的话开发者收益的不确定性较大,是一般小公司的做法。

6. 国外最早出现"水果忍者"的手游,后来徐广源公司又代理了款"明星版水果忍者",请问这"明星版水果忍者"存在盗版行为吗? 为什么呢?

(1) 网游、手游和计算机软件或网站一样具有知识产权,会产生盗版,会发生抢注册域名再高价卖出的情况。网游的名字就是计算机软件著作权,是在国家的版权局申请的。但网游名字与网站域名有着一定的区别,网游的名字就算完全一样,它里面也会有代码的区别,所以在重名上没什么太多的机会。(2)虽然"明星版水果忍者"主体也是切水果,但出来的人物头像都是授权过的明星,界面和游戏里的代码与最早的"水果忍者"也不一样,所以并不构成侵权。国内的明星版水果忍者和国外的水果忍者完全是两个游戏。就好比大家都开发一个斗地主,一个牌是红的,一个牌是蓝的,这就不能说谁抄袭谁的。

7. 请试着分析一下,游戏发布后获得的利润是如何分配的? 开发者为什么愿意接受自己辛辛苦苦开发的游戏到手只有 10% 的利润呢?

(1) 一款游戏获得利润后,利润分配情况是,三大运营商拿掉 30%,渠道拿掉 40%,剩余的 30% 再是发行商与开发者分。发行商和开发者一般是六四分或者七三分(大公司也可能分得再多一些),也就是客户充值一元,三大运营商拿掉 3 毛,渠道拿掉 4 毛,徐广源的公司可以拿到 2 毛左右,开发者拿到 1 毛左右。(2)可以把游戏想象成一款商品,那渠道商就是实体店,三大运营商像是银行,发行商则是帮开发者去卖产品、打广告的人。如果没有渠道商就根本没有用户会知道这款产品,因为用户都是通过各类应用市场去下载游戏的。而没有了三大运营商(包括第三方支付),用户就没有办法在游戏内付费。如果没有了发行商,那开发者再也没法安心在自己擅长的游戏开发上,因为要走的环节太多、太杂。

8. 请通过搜索引擎找到 Newzoo 公司 2016 年 6 月发布的首份《全球移动市场报告》和 2017 年 7 月发布的《2017 年全球游戏市场行业报告》,其中披露了全球应用市场收入、全球智能手机渗透率、全球手游端游戏的关键趋势等方面的数据。请你结合这些数据尝试分析中国游戏市场的前景。

据 Newzoo 报道,2016 年全球应用市场收入为 448 亿美元,其中,游戏类应用占比为 82%,大约在 367.4 亿美元(约合人民币 2 460 亿元)。2016 年全球非游戏类应用市场规模为 82 亿美元,其中,社交应用以 18% 的份额排名第一,其后依次还有视频娱乐类(13%)、音乐类(11%)、教育类(7%)和办公类应用(5%)。

在全球近 74 亿人口总数中,智能机渗透率达到 31%,这也就意味着全球有 23 亿人拥有智能手机。而在具体区域里,亚太区智能机用户总数为 11.1 亿,占全球智能机市场份额的 49%。之后依次是欧洲(19%)、中东与非洲(13%)、北美(10%)和拉丁美洲(9%)。

在全球智能机市场,中国以 6 亿多智能手机用户数,排名第一。美国和印度紧随其后,这两个国家的智能机用户数,都超过了两亿。但据 Newzoo 数据显示,目前美国智能机渗透率高达 64%,而印度智能机渗透率只有 16%。因而,随着印度智能机普及率的提高,在 2017 年,印度将超过美国,成为世界第二大智能机市场。

Newzoo 从 2012 年第一次开始做全球游戏报告,当时的产业收入是 700 亿美元。五年间这个数字增长了 56%,在 2016 年全球收入首次达到了 1 000 亿美元以上。这种增长不仅仅是因为产品的革新,也在于其商业模式变得越来越适合这个电子时代了。

此外 Newzoo 还对各个国家就游戏收入做了排名,中国以 275.47 亿美元登顶榜首,排名第二的国家为美国,收入达到 250.6 亿美元。排名前 6 的国家有 3 个亚洲国家,其中日本排名第三,收入达到 125.46 亿美元;韩国排名第六,收入达到 41.88 亿美元。

由此可见手机端游戏类的总收入情况还将继续上升,而中国人口众多,又是全球手机普及率最高的国家,将来发展的空间也较大。

9. 试着说说看如果你是这家游戏公司发行公司的老板,下一步你将如何发展公司?

略

项目五　创业计划书讨论参考分析

(一)《玩美——专业美甲美睫》案例思考参考分析

1. 请结合创业计划书分析,这些同学为什么会选择开美甲店而不是奶茶铺、首饰店或其他店铺呢?

分析:(1)考虑到餐饮的卫生许可证等后续手续较为麻烦,其他销售商品型的店铺极容易被网络购物所替代,所以考虑开设需要到店体验的项目。(2)项目位于黄金地段中的偏远地区,交通极其便捷,但门前客流量并不大,必须吸引客户到店体验。(3)美甲产品成本低,又有学校美体专业做后盾,所以电商专业和美体专业的同学合伙开了这家店。

2. 请在计划书中查找,这些创业的同学在店铺周边他们做了哪些调查,这些调查起到了什么作用?

分析:(1)周边其他美甲店的深入调查,从其他店铺中吸取经验。(2)周边交通路线的调查,通过交通便捷来证明O2O运作的可行性。(3)周边居民的调查,了解周边居民的构成及其对美甲是否有需求。(4)周边店铺租金情况调查,以便了解实际创业中需要达到多少利润才能使店铺正常运营。

3. 请分析一下,这些同学为什么要在其他美甲店中"潜伏"?

分析:考虑到作为学生,初次创业没有任何店铺运营、客户接触、危机处理的经验,在这些店铺中"潜伏"可以学习到一手的经验。

4. "玩美"房屋的使用权是怎样的? 需要房租吗?

分析:是学校创业园区的房子,3年免房租。

5. "玩美"在哪些线上平台进行了哪些宣传?

分析:结合大众的消费习惯,他们在大众点评、百度地图、淘宝网进行了线上推广。

6. 标准化的美甲操作流程与工具起到了什么作用?

分析:同一家店内服务差异性不仅会引起顾客的不舒适感,还会降低客户的信任和舒适感,更重要的是会降低单位时间内工作的效率。经过实验,他们从去死皮、修甲形、护理到涂色、做花式、烘烤,设定了自己的操作流程标准。

7. 请在计划书中找找,如何提高客户的到店体验,这对店铺意味着什么?

分析:近年来,美容美甲产品的安全性问题频频被曝光,店铺所使用的美甲美睫产品均符合国家质量认证的标准,并全程优化了客户到店体验过程,诸如,对于美甲中由美容用具产生的交叉感染问题,目前使用了消毒机对器具进行消毒;每一项服务都有着明确的流程,并张贴在店内,以便客户进行监督。

8. 店内成员是如何分工的?

姓名	专业	分工
刑文杰	14电子商务1班	美睫、网店经营
罗兰	14美体2班	美甲
佟博文	15电子商务2班	网络营销
蔡蕴灵	16中高影视	美睫、商品采编
彭丹	14美体2班	美甲、美睫

9. "玩美"的目标客户群和市场定位是什么?

分析:中低档消费群,讲求性价比的爱美人士。

10. "玩美"的营销策略是什么?

分析:针对目标消费群,中低档消费者、讲求性价比的爱美人士,店铺制定的计划是按时间段折扣,提高非繁忙阶段的客单量,延长盈利时间。

11. 请结合创业计划书分析,"玩美"为什么要做主营业务的变革? 变革带来了什么?

分析:(1)相对于美甲来说,美睫能更直接地让别人感受到接受美睫客户的变化,眼睛会特别有神。对于办公室白领一族来说,同样的价格如果只能在美甲和美睫中二选一的话,她们更多的是选择美睫。(2)在技术上,美睫相对于美甲更多需要的是细致和耐心,对于美感这一仁者见仁智者见智的问题就显得不那么明显。简而言之就是美睫比美甲更简单,只是耗费的时间更长,但单项收费也更高。

12. 这个团队的核心竞争力是什么?

分析:(1)电商专业学生负责线上推广,美体专业学生负责客户到店体验,可谓是1+1>2的结合。(2)团队沟通能力较好,碰到问题大家都能谈出来。

13. 请你帮助"玩美",找找店铺中还存在哪些问题,该如何改进?

分析:可以从以下几点进行改进:(1)如何扩大客户群。(2)店铺发展路线,是走薄利多销路线还是品牌高规格路线。(3)开分店后将面临招聘新员工的问题,这点如何解决。(4)如何经营好品牌。

14. 请结合自己的思路尝试编写限时5分钟的PPT演讲稿。

分析:略

(二)《草莓卫士》案例思考参考分析

1. 请结合项目文档讲讲,这些同学为什么会选择草莓保护包装盒作为创业项目呢?西瓜、榴莲、山竹、苹果等水果适合这种包装盒吗?为什么?你觉得还有什么水果适合此类包装盒呢?

分析:(1)项目组成员孙佳康寒假在家里的草莓批发场帮忙时发现了草莓在运输和挪的过程中损毁比较大的问题,因为他们市场的草莓品质较高,单价较贵,所以损毁对于批发商来说损失较大。同时作为亲手种出这些草莓的农户来说也比较心疼。(2)草莓极其不耐压,对运输过程中的温度要求也较高,所以有改善现有木箱运输的需求。(3)西瓜、苹果这类单价较便宜,并不那么容易"受伤",所以对运输包装要求不高,榴莲、山竹本就有较硬的外壳,对保护的需求较低。(4)单位价格高、容易磕伤碰伤、对外表要求较高的水果适合此类包装盒,诸如高品质葡萄、莲雾这类水果。

2. 请结合创业计划书,分析项目所在的地理位置对项目的推进起到了哪些作用?

分析:(1)2015年,长丰县草莓种植面积达20万亩,总产量突破35万吨,产值达45亿元。全县共有水湖、罗塘、左店、杜集、义井5个草莓万亩乡镇,形成了"乡乡有莓园"、"村村有种植"的产业集聚效应,连续多年稳居全国设施草莓第一大县,全县农民人均纯收入近一半来自草莓产业。(2)湖镇阮巷草莓批发市场投资45万元,占地30多亩,是长丰县最大的草莓交易中心,每天有将近60万斤左右的草莓运往北京、天津等地,最高峰的时候也就是正月十五之后每天能达到70万—80万斤运往北京、天津、上海等地。(3)(1)和(2)中的数据说明项目所在地的草莓种植及销售的量非常大。销量大就更容易形成规模化,这也是"草莓卫士"包装盒发展得那么快的原因。

3. 项目组做了哪些前期调研?这些前期调研对项目的发展起到了哪些作用?

分析:(1)调研了安徽省长丰县草莓的种植量。(2)调研长丰县几个草莓批发市场的批发量及其之间的对比。有了这些对比才能确定在水湖镇草莓批发市场实施项目的优势。(3)调查了现有草莓批发的流程及流程中各角色的想法。这一调查可以清楚地了解到用户是否有使用新产品的需求,特别是此项目位于草莓批发产业链的上游,就像蝴蝶效应,上游的一个微小的改变就会引起下游的巨大变化。如果产业链中有角色因新包装利益受损,该项目的推广也必将受阻。(4)调研现有草莓批发流程中使用木箱子的原因,这是为了找到原有产品的缺点及用新产品替代他的理由。

4. 请阅读创业计划书,找到原有草莓批发流程,并用自己的语言对其进行描述。

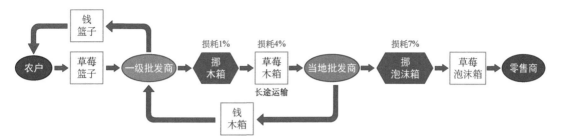

分析：批发商需要将草莓从农户的篮子里挪到自己打的木箱子中，这个过程可能会产生1％的损耗，挪的过程由批发商雇人进行。长途运输过程中木箱子存在着不透气、不耐压、草莓易损耗等特点，运输的过程中会发生4％的损耗。到了当地，当地批发商还需将草莓从木箱子中挪到自家的泡沫箱中以便批发给当地的零售商，这个挪的过程中损耗最大，会产生7％左右的损耗。卡车运输司机在当地卸完货后还需要将这些空木箱子运回一级批发市场的大批发商处结算工钱。

5. 请阅读创业计划书，画出使用"草莓卫士"后的草莓批发流程。

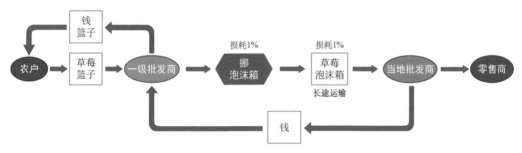

分析：一级批发商从农户中收到草莓，并挪至泡沫箱，这个过程产生1％的损耗，挪的过程由批发商雇人进行。长途运输过程中泡沫箱有着透气、耐压等特点，运输的过程中仅有1％的损耗。到了当地，当地批发商仅需将草莓泡沫箱搬运下车即可，这个过程不产生损耗。卡车运输司机在当地卸完货后就完成了运输任务。

6. 请对比原有和现有草莓批发流程，讲讲两者的区别在哪些地方。

分析：(1)最大的改善是优化了整个草莓运输流程，将一级大批发商运输中的草莓损毁率下降了3％，并将其运输包装成本降为"0"。(2)将二级当地批发商"挪草莓"7％的损耗率降为"0"。(3)司机由原先需要来回运输两次，到仅需单趟便解决了运输问题。(4)节约了批发市场、运货司机、一级批发商、二级当地批发商的成本，产生了共赢的局面。

7. "草莓卫士"是如何推广自己产品的？

在市场里跑，一个个商户去谈的。由于该产品的用户就是市场里的草莓批发商户，所以一家家跑更直接。

8. 请分析第一代产品失败的原因。

分析：(1)最初和市场里商户交流是否有草莓包装的需求，商户都表示非常欢迎，商户就描述了一个大概箱子的样子，但市场的规则是不收订金的，所以便照着这些商户的描述找到厂家去定制，做出来后有些商户觉得这个箱子可以，就会大量向我们订购。有些商户觉得不行，那这些箱子的开模成本就白费了。2014年的草莓季一共失败了5个模具，成功了10个，2015

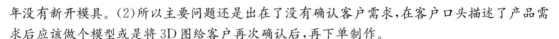

年没有新开模具。(2)所以主要问题还是出在了没有确认客户需求,在客户口头描述了产品需求后应该做个模型或是将3D图给客户再次确认后,再下单制作。

9. 请描述一下"草莓卫士"下一步的发展规划。

分析:(1)将由提供草莓包装扩展到提供草莓包装服务。(2)提供草莓网商包装盒。(3)自己开辟一个点做草莓网商。(4)将包装盒推广至周边几个批发市场。

10. 请在创业计划书中找出该项目的利润分配方法,并讲讲你对该利润分配的看法。

分析:多劳多得,参与的同学零投入,同时风险也为零。

人员	投资	利润分配	职务
孙佳康(代表他舅舅)	40 万	80%	项目总负责人
顾惜时	0	5%	市场开拓、洽谈
王家豪	0	5%	美工、拍摄、网店搭建
范小勇	0	5%	网店运营
程家凤	0	5%	财务,协调,文案

11. 该项目最大风险在于哪里?该如何解决?

分析:(1)这个项目最薄弱的地方便是进入的技术门槛较低。草莓长途运输泡沫塑料包装盒的难点在于设计和模具的制作,模型一旦确定后生产成本是非常低的,甚至可以说是忽略不计的。当其他人看到我们走包装这条路有一些盈余后存在被模仿的可能性。他们可以拿着已经有的包装盒去找生产厂家开模制作,甚至可以找到提供同类产品的厂家下单,这样连开模费都省了。同时产品也没有太多的技术点可以申请专利,即使申请了专利,也还是会存在大量外观被模仿的情况。(2)可以考虑通过价格优势、更多的做一些前置市场服务来快速占领市场。诸如帮助终端零售商印制具有品牌标签的包装等。

12. 该项目最大优势在于哪里?

分析:(1)作为草莓网商,我们草莓的质量非常好,处于草莓一级批发市场,可以拿到市场上同级别草莓中最低的价格,包装盒由于量大所以成本也低于市场价格,所以总体成本要比其他网商低很多。(2)作为批发市场的包装盒供应商,填补了这个市场的空白,提高了市场的服务性,仅在阮巷每年盒子的采购量达到200万元,量非常大,量大就使得我们可以和供应商谈价格,进一步降低我们包装盒的成本。

13. 如果你是该项目的老板,你将如何做下一步的发展规划?

分析:可以从以下几个方面具体讨论,(1)想办法扩大草莓、草莓卫士的销售范围。(2)为终端消费群(超市、品牌零售店)定制草莓包装盒。(3)做出"草莓卫士"的品牌。(4)公司规模化运作。

思考题 7-1—7-10分析

思考题 7-1:请讲出什么是创业环境中的硬环境、软环境,并举例说明。

分析:(1)创业硬环境,是指创业环境中有形要素的总和,如城市所拥有的公共交通便利程度,是否有国际型港口可供国际贸易船只停靠,城市建设的现代化程度等,可以通过实物建造出来的。(2)创业软环境,是指无形的、看不到摸不着的,需要人为去创造的环境要素的总和。如当地政策、社会环境、人们对新事物的接受能力等。

思考题 7-2:什么是行业壁垒? 请分析一下电力、燃气、网络搜索引擎、新媒体(自媒体、网络公众号、微博大号等)的行业壁垒在哪里?

分析:(1)行业壁垒是阻止或限制进入某一行业的障碍,是保护市场、排除竞争的有效手段和重要方法。行业壁垒越坚固,市场障碍越多,企业越难以加入,市场垄断程度越高,竞争相对缓和。(2)国家对燃气经营实行许可证制度。符合条件的由县级以上地方人民政府燃气管理部门核发燃气经营许可证。国家禁止个人从事管道燃气经营活动。可见,电力、燃气行业的进入壁垒不仅有技术、规模,更有政策上的壁垒;搜索引擎的进入壁垒主要有技术、资金壁垒;自媒体的壁垒在于发布的内容、推广、用户数。

思考题 7-3:请结合本书项目三中《比男女朋友更难找的是生意合作伙伴》案例,讲讲陈少平在合作伙伴这点上有过哪些问题值得引起我们注意? 你觉得如何进行团队角色分配更合理些?

分析:(1)在校期间与 A 同学的合作,问题在于团队角色配置不清晰,A 同学觉得是雇佣关系,而其他同学则觉得是合作关系。(2)在与"发小"的合作中,陈少平负责了所有店内的一切,"发小"只投资其他一概不负责,这样的角色配置不合理,造成最后盘账时问题多多。(3)团队在合作前要分清各自所拥有的权与责,要讲清楚利润分配方式。

思考题 7-4:请结合本书项目三中的六个案例,讲讲哪些案例中的哪个小故事涉及财务风险,他们又是如何化解的。

分析:(1)《兴趣爱好铺就的创业之路》案例中,"买了设备却发不出工资"就是典型的财务决策缺乏科学性导致的,作出购买设备决策时王程飞也是非常纠结的,对此他并没有更好的方法。(2)《比男女朋友更难找的是生意合作伙伴》案例中,公司的账既支付了门店日出消耗,又支出了陈少平和店内师傅们的日常餐饮开销,造成了公司账目不清晰,导致了"发小"与他的分道扬镳,在其后与"IBM"的合作中他改变了这点,与合作伙伴各领一份工资,并由合作伙伴记账。(3)《三无创业者的创业之路》案例中,徐广源为了养后期创业的项目选择了重返淘宝平台做店铺代运营,以项目养项目。

思考题 7-5:请结合项目三中的案例六《三无创业者的创业之路》,讲讲徐广源是如何确定淘宝代运营和游戏发行商这两个创业方向的,与创业环境风险控制有什么关系?

分析:(1)2006 年处于电商元年,当时懂得淘宝店铺运营的人不多,很多老板只是有在淘宝上开店的想法,但对如何才能提高搜索排名、招揽到更多的客户一无所知。当时徐广源在没有家庭经济支持、没有特殊货源、没有人脉的情况下觉得在淘宝做代运营可以更少地投入、借助别人的产品、淘宝的平台相对比较公平,所以选择进入了这个行业。(2)2013 年后他发现淘宝平台竞争已经超出了理性的范畴,各大商家都逐步削减代运营,在参阅了各大市场调研公司的报告,听了众多知名经济学者的讲座后,他发现移动游戏才开始发展没多久,加之中国人口数量之多,发展趋势一片看好,所以选择了做手游发行商。(3)这两次创业方向的选择都是在充分了解了我国行业发展趋势、政策支持力度、国内外相关行业情况等大环境后确定的。

思考题7-6:请结合项目三中的案例三《从大学兼职走到新媒体老板》,讲讲李宜蓓公司是如何进行公司文化建设的?是如何帮助员工进行成长的?

分析:(1)对员工进行定期培养、建立公司文化。公司经常请各方面的老师来给员工培训,有用餐礼仪、餐具知识、创意文案、消费者心理和文案分享会等。(3)建立公司文化、营造愉悦的工作氛围,让员工的工作富有乐趣。李宜蓓为员工创造尽可能单纯、舒适的工作环境。员工每天能碰到不同的客户、不同的老板、吃不同的东西、感受着各种新鲜事物,爱她这位年轻的老板,爱这个行业。这样大家就都愿意花时间去钻研文案的写作方法,去发现更好的平台。(4)建立激励机制,多劳多得。核心员工收入是普通员工的一倍。

思考题7-7:请结合本书项目三中的六个案例,讲讲这些创业者哪位身上的哪个创业特质是令你印象最深的,为什么?

分析:对于创业故事每个阅读者的感受或感悟都是不同的,这里笔者列出的仅作为参考。(1)《兴趣爱好铺就的创业之路》中主角对梦想的坚持,并没有玩物丧志,而是将兴趣爱好变为了事业,遇到困难不放弃的精神。(2)《比男女朋友更难找的是生意合作伙伴》中主角不断尝试合作模式,与师傅同吃住的吃苦精神,新店开张后不忘之前的"功臣",对市面上汽修业运作模式的不断学习和尝试。(3)《是当金融白领,还是当淘宝店主》中主角不断尝试各类生意,在积累中前进,深入了解自身产品特色后再进行市场定位。在尝试过金融梦后慎重地作出回来当淘宝店主的决定。(4)《机会总是留给敢于尝试的人》中主角强大的学习能力,不断尝试的精神,哪怕期间失败,找出问题后继续实践的精神。敢于为了自己的理想从"喜马拉雅"退出。在合作伙伴"闭关"期间想出了将工作批发给竞争对手的想法。(5)《从大学兼职走到新媒体老板》中主角一步步脚踏实地,努力将自身及公司团队打造成学习型公司,在失败中不断地成长和进步。在与大公司的合作中懂得自身的角色。(6)《三无创业者的创业之路》中主角对于各类"元年"机遇的把握。在后期创业项目资金不足时又做回原先的淘宝代理,以旧项目养活新项目。用QQ群找员工和客户。

案例7-1:如果你在家附近开家小超市作为创业项目,设立哪种组织形式的公司更适合自己呢?

分析:考虑到其后的追责和赔偿等问题的可能性,可以开设有限责任公司。

案例7-2:结合本案例,请你帮小明改一下洗衣收据上的说明,以防止下次再出现此类的大额赔偿。

分析:(1)最基础的改法为,"洗衣费50元,洗衣如果发生毁损、遗失,赔偿衣服洗涤费用的2倍"。(2)可以使用印刷的洗衣店三联收据,这样既正规,三联收据下方也一并印有相应的规则,比自己手写更为规范,如下图所示。

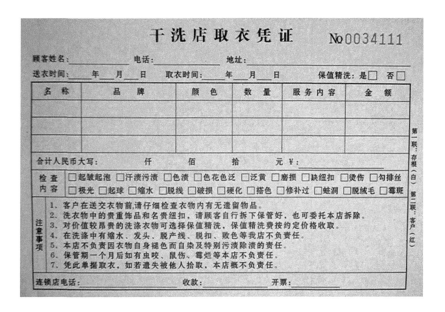

案例7-3：请你帮助A公司算一下，A公司向B公司索要货款，法律能支持的最后时限是什么时间？

分析：2017年6月1日。

项目八　案例思考与讨论的参考分析

思考题8-1：结合案例中的描述和我们熟知的《西游记》故事，分析一下你觉得唐僧身上有哪些优秀的地方让他带领三位徒弟完成取经大任？

分析：

（1）善于用人：让每个下属的长处都有施展的空间。唐僧很好地发挥了他三个徒弟各自的长处。

（2）战略目标：唐僧对团队的目标坚定不移！无论碰上再凶残的妖怪、再恶劣的天气或是再花容月貌的女儿国国王，都不曾动摇唐僧西天取经的决心！作为团队领导要为团队成员提供一个愿景目标，而下属也都愿意跟随一个有愿景的领导。

（3）坚定的信念：唐僧遇到阻碍不灰心，取得成绩不沾沾自喜，一步一步接近自己的目标，始终保持良好的心态，这是领导者魅力的核心部分。

（4）恩威并重：唐僧对每一个徒弟都有恩情，他为孙悟空缝补衣服、将自己的口粮多留一些给八戒，这是对他们的恩。但当他们犯错时，哪怕是团队中最重要的骨干成员违反了规定，他也毫不手软，孙悟空的紧箍咒就是最好的例子。

（5）有后台：后台对于一个领导者是可被利用的资源，充分利用这个资源有利于团队目标的实现。作为金蝉子转世，每当关键时刻就会有观音菩萨出手，这就有助于唐僧师徒实现自己的目标。

（6）形象好：团队最主要的形象取决于领导的形象，这个形象是指外在和内在的结合。每当徒弟们的长相吓到老百姓时，唐僧出面立刻就会扭转群众对于他们这个团队的看法。保持良好的形象也是领导者必备的素质之一。